主　编：盖瑞瑞　副主编：王高峰

数据化风控

信用评分建模教程

单良　乔杨◎著

電子工業出版社
Publishing House of Electronics Industry
北京•BEIJING

目　录

第一章

信用评分基础认识与应用

金融机构在高度市场竞争与业绩成长压力下，对风险管理的精准度与作业效率的要求越来越高。不管是申贷时还是审批后，每一位客户在不同的阶段都有不同的潜在风险，这些风险征兆可能存在于各种容易令人忽略的细节之中，一旦错失实时发现的先机，后续将造成难以弥补的损失。

早期银行的风险管理主要是以人工操作为主，客户的各种风险皆依赖于人员的经验判断。其中的问题是，风险因子众多且彼此交互极为复杂。一是有经验的人员需要长时间的培养；二是人毕竟不是机器，不但质量无法完全一致而且人工处理能量有限，难以大量作业。因此，必须借由计量方法在早期侦测客户潜在风险，以期减少人为主观判断的失误并减轻风险管理人员的负担。

关于客户个人风险的预测，目前使用最普遍的工具为信用评分卡，其应用的范围包括进件、贷后管理及催收等。不但可以筛选高风险客户，减少损失发生，也可以找出相对优质的客户群，发掘潜在机会。

从经营管理层面来看，信用评分的出现使科学化及自动化程度向前迈进了一大步，也大幅提升了银行竞争力。无疑，信用评分是近年来最受银行喜爱的风险管理工具之一，且使用范围日趋广泛。本章就信用评分的发展历史、种类、建立方法及运用加以介绍。

第一节 信用评分卡简介

信用评分的应用最早源自20世纪30年代，主要的概念是仿照有经验的风险分析专家设计信用判断条件，使授信质量一致。这种革命性的构想将风险量化技术应用在银行授信作业中，使信贷审批有了客观的依据，不再完全依赖于经验判断。在此阶段之前，判断条件是以资深授信人员及主管的经验制定，虽是集合所有专家的意见精华，但基本上还是经验给分，在选择风险因子及设定权重时即使反复摸索修改，也无法确定因子间的关系。到了20世纪50年代，回归分析等统计技术开始运用于信用评分，才将人类经验与数学实证进行了结合。

经过数十年的发展改良，再加上信息科技的进步——计算机现在可存储大量历史数据并可以轻易进行各种复杂运算，目前，信用评分已成为银行极为倚重的风险评估工具。

信用评分主要的功能可归纳为以下3项。

一、以科学方法将风险模式数据化

风险因子若未经量化处理，就是一种意象及概念，授信的判断若取决于“个人感觉”，固然弹性大，但风险判断的灰色地带必然无法缩小。信用评分以科学方法将风险量化，使得风险评估有所依据，从而弥补了上述缺憾。

信用评分建立于完整的历史数据之上，借由数据汇整、清理、分组及探勘等技术，将大量数据转化成为有用的风险信息。信用评分模型建立后，可将风险数据化。此时，可清楚地呈现客户违约概率及风险排序，使风险管理单位得以确切掌握客户风险，并且制定更为精准的授信政策。

二、提供客观风险量尺，减少主观判断

授信作业最大的挑战在于如何客观完整地将客户各种质化特性加以综合评断，并做出最合适的决定。例如，经验告诉授信人员男性客户的风险较女性客户的高，但若再加上年龄、职业、地区、收入和负债等分析维度，又会出现什么状况呢？面对不同的因子组合，授信人员要如何决定案件的准驳、额度及利率？

传统授信为人所诟病之处就在于过度依赖于个人经验。不可否认，过去的经验的确有一定的价值，不过影响客户行为的风险因子本来就极为复杂且难以掌控。人为的经验可能是从多次错误之中学习而来，可能是由资深人员传承而来，也有可能是由主观的直觉认定而来，但是经验的培养及传承皆非易事，此外，不同人员养成过程及环境未必相同，对各种案件的经验及认知也会不同，从而产生看法上的分歧。事实上，即使是同一授信人员在不同时期对同一案件可能也会有不同的审批决定。

信用评分提供了一个客观的风险量尺，消除了人为判断所造成的差异，使得风险评量有一致性的标准。

三、提高风险管理效率，节省人力成本

强大的处理效率也是信用评分的重要功能，以消费金融产品而言，其客户数量远远超过其他产品，为了迅速消化申请案件并有效管理往来客户，势必需要高度的自动化流程及系统协助，信用评分模型搭配评分计算引擎（Scoring Engine）可针对个别案件进行实时风险运算，也可以用批次方式处理大量数据，与传统人工审核方式相比，大大节省了处理时间。由于信用评分卡能事先将风险计算完成，所以中间灰色地带可大幅缩小。授信人员仅须将重心放在对这些灰色案件的处理上，不用为了配合不同的营销活

动而增加人力。

另外，若银行拥有信用评分卡，就可针对现有客户进行定期或不定期的大规模期中复审，尤其是信用卡，因其客户数量庞大、产品生命周期长且风险为动态性质，风险因子多样且复杂，若无信用评分的协助，很难切实掌握客户的风险变化。以信用卡循环利率为例，目前各家银行都采用定价模式，信用评分可协助银行划分客户风险等级，以设计适合各等级的合理定价。

尽管信用评分有许多优点，为风险管理带来了许多的便利，但事实上，它并非完美，在使用时仍需注意一些限制。举例来说，数据库是信用评分的基础建设，建立评分模型之前须有完整且质量良好的历史数据，否则模型预测效力将会大打折扣。因此，必须先行建立完善的数据库，信用评分才能顺利开展。

再则，信用评分模型是以历史数据为基础，其准确性建立在未来的信用表现与过去相同的假设前提之上。一旦遭遇重大经济变动，假设不再成立，模型预测能力就会受到影响。在现实世界中，不可能期望所有状况永远固定不变，因此必须每月定期检测模型的准确性与偏离程度。

另外，信用评分的发展是以风险评量为出发点，为求主题明确，聚焦于风险因子的探讨，收益面并非考虑重点。因此，风险极低者未必是获利贡献度最高的客户。

需要特别提醒的是，信用评分模型以“户数”为单位计算好坏比（Good/Bad Odds），我们可借此得知各分数下可能倒账的户数比率，而一般评估风险所惯用的逾期比率则是以“金额”为计算单位，两者计算基础不同，户数倒账率与金额倒账率无法互相比较。

信用评分的应用领域广泛，为适应多样化的需求，也发展出不同种类的评分卡，以下就两种常用的分类方式进行介绍。

（一）依发展母体区分

1．通用型评分（Generic Score）

这类评分多为顾问公司依据手中收集的资料所开发的评分卡。由于建立模型所需数据收集不易，且其定位为多用途信用评分，因此，未针对特殊主题或条件做个别考虑。

此种评分卡的优点是不需要从头开始发展模型，可节省开发成本，并可快速部署于风险管理流程中，但其精准度比其他类型信用评分卡略逊一筹。

2．征信机构评分（Bureau Score）

各国征信机构皆拥有庞大的客户信用数据，而由这些数据所建立起来的评分卡被称为 Bureau Score。征信机构除拥有完整的数据之外，还有极高的公信力。对于未开发专属信用评分卡的中小型金融机构而言，Bureau Score 具有很大的吸引力。由于它并非以特定金融机构的数据建立模型，因此也可视为通用型评分卡的一种。

3．客制化评分（Customized Score）

客制化评分也是完全依照各家金融机构的客户资料及特殊需求量身打造的评分卡。由于目标明确且针对性高，若历史数据完整且质量良好，其预测效果就会高于通用型及征信机构两种评分。其缺点为整体建立时间较长，初期开发成本较高，后续也需要自行负责模型监控与调校的工作。

（二）依使用时机区分

1．申请评分（Application Score）

申请评分用于客户进件审核，信用评分模型所使用的变量除了申请资料数据之外，还包括联合征信中心的信用资料。在进件评分的协助下，授信人员可将重心放在界于准驳边缘的案件上。

2．行为评分（Behavior Score）

行为评分多用于预测信用卡客户的动态风险，评分模型的变量以客户的交易及缴款形态数据为主。由于动态行为的风险预测较为复杂，因此，行为评分模型所采用的变量通常比进件评分模型多。

3．催收评分（Collection Score）

催收评分多被使用于案件量较多的前段催收，许多人将其与上述两种信用评分卡合称为“ABC Cards（Application Scorecard，Behavior Scorecard & Collection Scorecard）”。其主要功能是预测客户还款概率，属于行为评分的延伸应用。

第二节 评分卡建立与验证

信用评分的建立并非仅限于单纯的模型开发，因为我们需要的不是统计专家的评分卡，也不是技术人员的评分卡，而是真正能够给予风险管理及营销业务实际帮助的整体方案。建立评分卡之前，风险管理单位必须就其对信用评分的期望、应用计划及策略提出项目规划，主要包括下列 6 项。

一、项目目标

陈述目前作业现状及想要以信用评分项目解决的问题。信用评分卡的建立需投入大量的时间、精神、金钱及人力，风险管理各单位人员只有仔细、反复思考目前的工作瓶颈和对信用评分的期望，目标设定必须清楚明确，这样，最后产出的结果才会对银行的风险管理有真正的帮助。

目标确认之后，若想要与外部信用评分卡厂商合作，就必须依照需求内容、开发时间、开发成本及开发经验与能力等方面设定选商条件并设定各项条件的评分权重。

二、项目范围

依急迫程度排列处理程序，避免因一次性处理太多问题，而模糊重要焦点。应针对选定目标设定项目范围，包括项目主要内容、涉及业务、相关部门、项目组织架构及成员等，且皆必须逐项确认并列示于计划书中。

若想要针对信用卡全新客户建立一张进件评分卡，一般多由授信政策部门担任项目管理人角色，涉及业务包括企划、业务推展、征审、作业、MIS 和 IT 等，在需求讨论及项目规划时需共同会商，因此，上述部门皆应遴选资深人员担任项目成员。

三、时程规划

时程规划可分为银行内部前置规划、流程与系统修改、评分模型建立、效力测试及上线导入等几个重要阶段。项目长度依其复杂度及银行数据质量状况而定，一般为 6～9 个月。

四、成本效益分析

成本评估包括相关设备扩充、系统购置或修改和模型开发等费用。效益则分为质化与量化两方面，质化效益包括风险管理技术与观念的提升及授信质量稳定等，量化效益则需估算可节省的人力、作业时间及作业成本等。

五、配套措施

与信用评分相关的事项如授信规范、申请书格式修改、进件及征审流程设计、数据质量确认和教育训练等皆须事先规划，另外与之搭配的系统如评分运算引擎、决策系统及征审系统等也需在评分模型建立完成前准备就绪，否则，将出现空有评分模型却无使用平台或是业务流程运转不顺等窘境。

六、营运计划

信用模型上线之后的实际应用及管理，诸如信用评分的运用、模型效能监控、相关系统维护、紧急备援计划、营运作业成本（如 JCIC 查询预算）和 MIS 分析等作业皆需详细规划，以确保信用评分与风险管理业务整合之后能够顺利运行。

项目规划完成之后，方可展开评分模型的开发工作，此阶段可分为 7 个执行步骤（见图 1-1）。

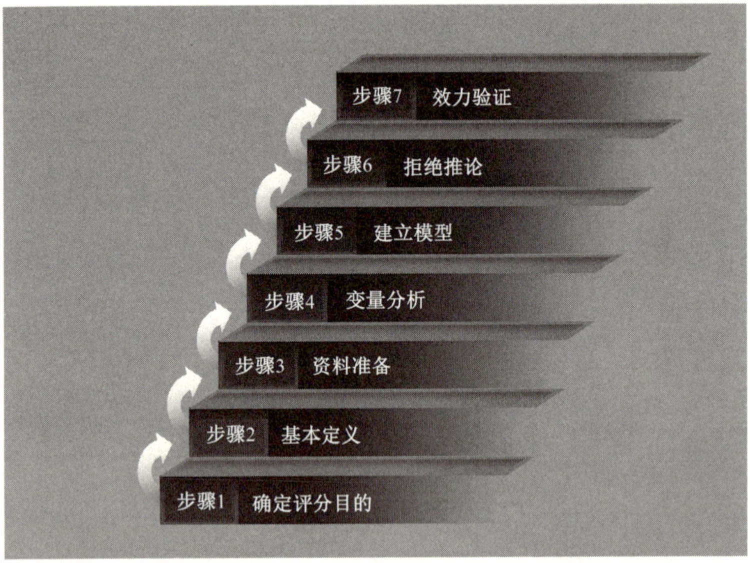

图 1-1 评分模型开发 7 步骤

（一）步骤 1：确定评分目的

此步骤是项目成败的关键，也是最容易被忽略的部分。发展评分模型前，必须先决定评分目的及想要预测的事件，并要有明确定义。模型未来的应用目的不同，对于变量选择或好坏客户的定义也可能不同。

风险管理单位依照先前项目规划设定的目标与模型建立人员进行讨论，以确认建立模型的目的。另外，双方对于项目进行方式、建立时程、成本、交付文件项目及格式、模型测试指针、项目验收标准、教育训练以及其他特殊要求或条件限制必须达成共识。

虽然需要讨论的事项繁多，往往需经过多次会议反复研商，但双方对于目标及项目内容的了解程度及共识越高，往后进行的过程就会越顺利。

（二）步骤 2：基本定义

在评分目的确认之后，紧接着对建模所需的重要指标的基本定义进行讨论。

1．观察期与表现期

如图 1-2 所示为观察期与表现期。

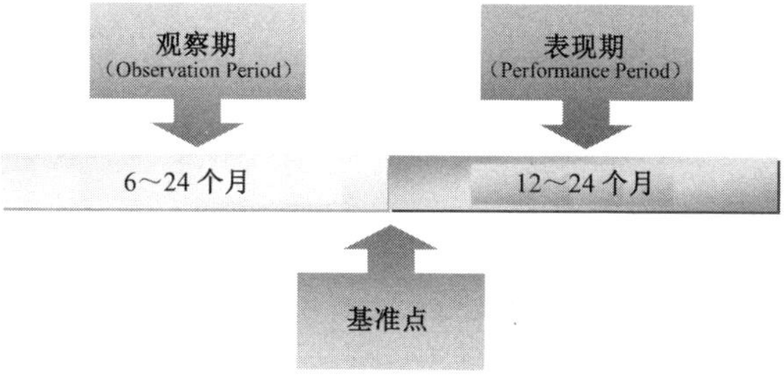

图 1-2　观察期与表现期

所谓的观察期，即为变量计算的历史期间，比如，有一变量为“近 6 个月延滞一期以上（M1+）的次数”，其观察期即等于 6 个月。观察期设定太长，可能无法反映近期状况，设定太短则稳定性不高，因此多半为 6～24 个月。

表现期则是准备预测的时间长度。例如，若欲预测客户未来 12 个月内出现违约的概率，则表现期等于 12 个月。依各种产品特性不同，表现期也可能不同，通常设定为 12～24 个月。

2．违约（Bad）定义

评分模型的任务在于区隔好坏客户（Good/Bad Account），因此，必须定义违约（Bad）的条件，这些条件并不限定为逾期，只要银行认定此情况为“非目标客户”。例如，未来一年内出现 M2 以上逾期、催收、呆账、强停、拒往和协商等，皆可作为评分模型中的违约条件。

3．不确定（Indeterminate）定义

在某些条件下的客户，其风险处于较为模糊的灰色地带，很难将其归类为好客户或坏客户。比如，“半年内曾出现一次 M1”，由于此类客户并无鲜明的风险特征，很难判断其好坏。因此，为强化模型的区隔能力，不

确定的客户不适合被纳入建模样本之中。不过在模型完成后可加入测试，观察其分数落点，理论上应以中等分数居多。

在实际应用中，可利用转移分析（Roll Rate Analysis）观察各条件下的客户经过一段时间后的表现，以评估违约定义的区隔能力与稳定度，作为其选择好坏及不确定条件的参考（见表 1-1）。

表 1-1　转移分析（Roll Rate Analysis）

	12 个月后的表现										违约 /%	不确定 /%	正常 /%
	B01	B02	B03	B04	I01	I02	I03	G01	G02	G03			
B01	29										100	0	0
B02	17	25									100	0	0
B03	22	18	31	29							100	0	0
B04	12	19	21	18	15	14	7				66	34	0
I01	5	13	18	11	27	16	5	14	32	9	31	32	37
I02	3	16	6	4		48		6	18	12	26	42	26
I03	2	7	3			11	33	17	28	21	10	36	54
G01	3	8	6	4	19	18	7	81	15	6	13	26	61
G02	3	4	7	1	21	16		18	92	41	7	18	75
G03	1	3	1		23	23	3	15	23	127	2	22	75

表 1-1 中 B01 至 B04 表示违约定义，I01 至 I03 表示不确定定义，G01 至 G03 表示正常定义。经过 12 个月的观察，原违约者大多数仍停留在违约状态，而原正常者转坏的概率也不高，这表示好坏客户的定义可被接受。不过原 I03 客户在 12 个月过后明显往正常方向移动，因此，可考虑将其改入正常定义群组。

4．评分范围

虽然信用评分可快速预测潜在风险，但并非所有状况都必须依赖评分来判断风险。例如，目前逾期中的客户，本身已出现违约的事实，因此不需要再加以评分。另外，如数据缺漏严重、数据期间过短和近来无信用往来记录者等状况的出现使这些客户的信息不足，对其评分也没有太大意义。

5．样本分组（Segmentation）

为了获得最佳的预测效果，工作人员通常会依客群或产品特性做样本分组，分别发展数张子评分卡。以信用卡的行为评分卡为例，预借现金、长期循环及全额缴清等几类客户行为各具特色，其风险变量及变量权重可能有所差异。因此，可考虑分别就这几类客户发展专属的子评分卡。

当然，若限于预算或时间，暂时无法细致分组而共享同一评分卡也不是不可以。权宜的做法是调整准驳临界点或是外加条件，不过其效果可能较差。

适度的样本分组有助于提高模型的预测效果，不过要避免过度使用。如果切割过细，不但后续子评分卡维护困难，且建模样本不足，反而影响模型的预测能力及稳定度。

（三）步骤3：资料准备

建立模型的数据源有三个：一是申请资料及其所附文件，可由其了解客户最新的职业、财力等状况；二是内部数据，若客户为本行的既有客户，数据库中已有其各类基本数据与往来记录；三是外部信息，例如，联合征信中心等征信机构数据。其优点是网罗各家金融机构客户信用信息，数据齐全且可靠度高，缺点是银行必须预先编列查询预算，无法经常进行大规模的信用查询。

整个建模项目，最耗费时间的通常是数据整理阶段，对于数据质量特别要求以下5个要件。

1．正确性

正确性是对数据最基本的要求，否则，后续以其所做的任何分析及预测模型，可信度皆让人存疑。

2．完整性

此处所谓的完整性包括数据的广度、深度及长度。数据保留越完整，预测风险可用的变量选择性越高，预测的效果越好。

3．实时性

数据的新鲜度高，表示其对客户近况的掌握度也高。因此，实时更新的信息对风险预测有极大的帮助。

4．合法性

数据的取得必须合法。此外，在使用之前，必须确认当地法令对于授信准驳依据是否有特殊限制。某些国家不允许以性别及种族等因子作为准驳依据的条件。

5．可用性

对于各种来源的数据必须制订统一规格及定义，避免信息混乱。不合理的数据，如年龄过小或过大，应予以剔除。若遇缺漏值，则可利用平均数、中位数、极大值、极小值或其他指定值予以填补。在认为某些字段的缺漏值有其特殊意义时，也可直接保留空值。另外，各种数据的保留期限不一，或是某些数据需经特殊处理才能得到建模所需的格式等，诸如此类的数据限制皆需一一厘清。

（四）步骤4：变量分析

变量的形态可分为连续变量（Continuous Variable）和离散变量（Discrete Variable）。若依其内容区分，则可分为个人资料变量、缴款类变量、负债类变量、信用往来长度变量和信用形态变量，而这些变量都可成为建立信用模型的材料。

首先，从手中拥有的数据中挑选或组合出可能影响风险的变量，这些一开始先挑出的变量群被称为长变量列表（Long List），由于数量较多，因此，必须先检查这些变量之间的相关性（Correlation）。若变量间存在高度相关性，之后只要依预测能力及稳定度择一保留即可。

接下来，进行单因子分析，以检视各变量的预测强度。表 1-2 所示为年收入变量的单因子分析。

表 1-2　年收入变量的单因子分析

年收入/万元	总件数/件	总占率/%	违约件/件	违约件占率/%	正常件/件	正常件占率/%	WOE	IV
0～20	401	8	143	16	258	6	−0.914	0.083
21～36	483	10	158	17	325	8	−0.783	0.074
37～50	751	15	208	23	543	13	−0.545	0.052
51～62	813	16	125	14	688	17	0.201	0.006
63～85	798	16	106	12	692	17	0.372	0.020
86～102	691	14	83	9	608	15	0.487	0.028
103～120	513	10	54	6	459	11	0.636	0.034
121～149	295	6	21	2	274	7	1.064	0.047
150 以上	255	5	11	1	244	6	1.595	0.076
合计	5 000	100	909	100	4 091	100		0.422

表 1-2 一开始先依收入高低切分较细的组别（Fine Classing）。分组的原则为组间差异大，组内差异小。分组占率不宜低于 5%，而各组中必须同时拥有好坏客户。

表 1-2 中的 WOE 称为迹象权数（Weight Of Evidence），计算公式为 $\ln\left(\frac{\text{正常件占比}}{\text{违约件占比}}\right)$。违约件占率高于正常件时，迹象权数为负数。绝对值越高，表示该组别好坏客户的区隔程度越高。各组之间 WOE 值差距应尽可能拉开并呈现由低至高的合理趋势。

另一个重要指针为信息值（Information Value，IV），又称 VOI（Value Of Information），计算公式为 $\sum_{i=1}^{n}(\text{正常件占比}-\text{违约件占比})\times\text{迹象权数}$，其中，$n$ 表示数据的分组数，信息值可用来表示变量预测能力的强度。以本例来看，信息值等于 0.422，表示年收入变量对于区别好坏客户的预测效果良好（见表 1-3）。

表 1-3　信息值与预测能力解释对照

信息值（Information Value，IV）	解释能力
＜0.03	无预测力
0.03～0.09	低
0.10～0.29	中
0.30～0.49	高
≥0.50	极高

为了使信息值提高，需要调整合并迹象权数相近的组别，最后得到的分组结果称为粗分类（Coarse Classing）。待所有长列表的变量信息值都计算完成后，即可从中挑选变量，优先排除高度相关、趋势异常、解释不易及容易偏移者。经过筛选后的变量集合称为短变量列表（Short List），这个列表即为模型的候选变量。在建立模型时可利用顺向进入法（Forward Selection）、反向排除法（Backward Elimination）及逐步回归法（Stepwise）等方式选出效果最佳的变量组合。

（五）步骤 5：建立模型

理想中最佳的信用评分模型可将所有好坏客户完全划分清楚，只是在实际状况中坏客户的比率通常很低，无法凸显风险因子的特征。因此，在抽取建模样本时，会刻意将违约样本的比率拉高，好坏客户样本比率约为 3:1~5:1。先将 70%的样本列为开发样本（Development Sample）作为建模之用，再将另外 30%的样本列为保留样本（Holdout Sample），在模型建立完成后作为验证之用。

信用评分的目的为预测客户是否将违约，因变量为二元性数据，也就是 0 与 1 的关系。线性回归所计算出来的条件概率估计值有可能会大于 1 或小于 0，显然不合常理，而且自变量与因变量之间是固定的线性关系，也与现实生活中的情况不同。例如，年收入高者与极高者违约的概率已相差无几；同理，年收入很低与极低者的违约概率也很接近，差异较大者出现在中间地带。逻辑回归（Logistic Regression）处理二元化数据的线性较符合实际状况，因此也成了普遍被采用的预测方式（见图 1-3）。

逻辑回归可得到好坏比值的自然对数，即 ln(Odds)，其中 Odds 即表示好客户与核销户比值（好坏比），也称为胜算率。若要以分数形态呈现，必须要经过转换，其公式为 Score = ln(Odds)×Scale + Location，转换步骤如下：

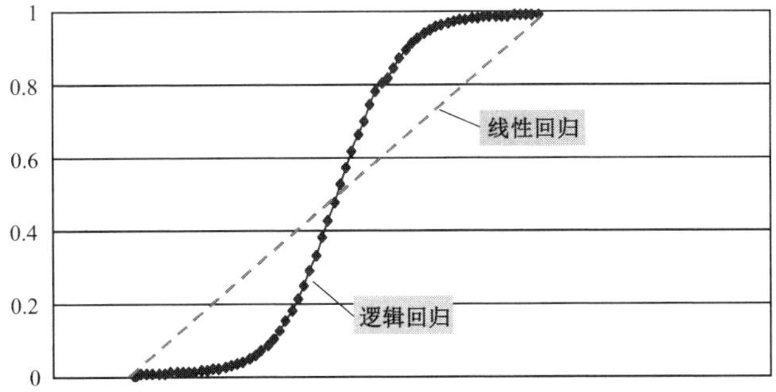

图 1-3　逻辑回归与线性回归

（1）设定 Odds = 1 : 1 时的分数（假设为 300 分）

（2）设定 Odds 每增加 1 倍时，相对增加的分数（假设为 20 分），此分数称为 PDO（Point of Double Odds）

（3）将 Odds = 1:1 及 2:1 时的分数套入公式，得到下列二式：

$$300 = \ln(1)\times Scale + Location \quad (1\text{-}1)$$

$$300 + 20 = \ln(2)\times Scale + Location \quad (1\text{-}2)$$

由式（1-1）可得

$$300 = \ln(1)\times Scale + Location$$

$$\Rightarrow Location = 300 - \ln(1)\times Scale = 300$$

由式（1-2）−式（1-1）得

$$20 = \ln(2)\times Scale$$

$$\Rightarrow Scale = \frac{20}{\ln(2)}$$

（4）最后得到的转换公式为 $Score = \ln(Odds)\times\frac{20}{\ln(2)} + 300$，转换结果如表 1-4 所示。

表 1-4　信用评分与胜算率转换范例

信用评分（Score）	好坏比（Odds）
280	1:2
300	1:1
320	2:1
340	3:1

上述分数转换方式可使不同评分卡的风险评量尺度统一，即同样分数下对应的违约概率皆相等。

（六）步骤 6：拒绝推论

拒绝推论多用于申请评分卡（Application Scorecard）。由于初步建立的模型所采用的样本皆来自核准案件，这些案件当初都已经过征审人员筛选，质量相对较好，因此，建模时若仅使用核准案件而把拒绝案件排除在外，将会造成模型的偏误。问题是案件遭银行拒绝后，事后无法观察其实际表现表现，也无从得知有哪些案件当时遭到误判，因此，必须借拒绝推论（Reject Inference）推测拒绝案件的好坏，以进行模型修正，使未来模型的预测更接近实际状况（见图 1-4）。

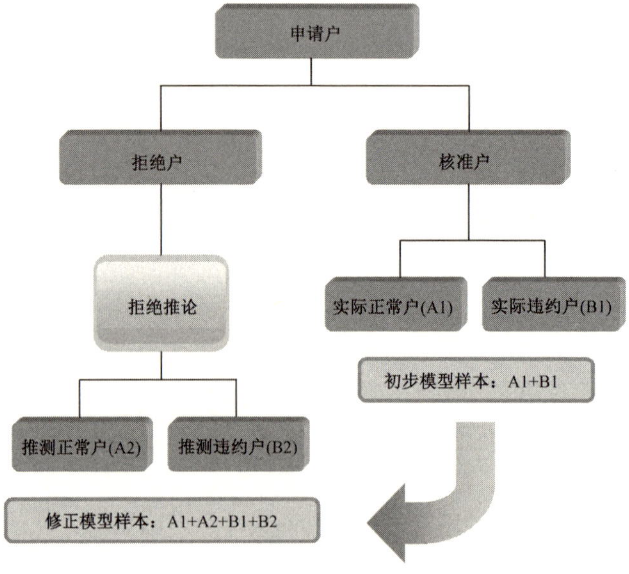

图 1-4　拒绝案件进行模型修正

较常被使用的拒绝推论方法为扩充法（Augmentation），其概念是先以核准客户为样本建立初步模型，接着将拒绝案件套入该模型，以推测其好坏，再与原核准客户样本合并建立新的模型。下面介绍两种利用扩充法发展而来的拒绝推论。

1．单纯扩充法（Simple Augmentation）

拒绝客户以初步模型算出违约概率，讨论一个可容忍的临界点，以此决定客户的好坏。若违约概率小于临界点，则推论为好客户；反之，则推论为违约客户。

2．分组法（Parceling）

核准客户以初步模型的分数划分为10～20个分组，每个分组皆可算出其正常及违约比率，拒绝客户依初步模型算出违约概率并归类至各分组中，再以该分组的正常及违约比率随机分配拒绝客户的好坏属性（见表1-5）。

表1-5　拒绝推论——分组法（Parceling）

分组	核准户					拒绝户		
	总户数（A）户	正常户（B）户	违约户（C）户	正常率（D）/%	违约率（E）/%	总户数（F）户	正常户（F）×（D）户	违约户（F）×（E）户
1	70	70	0	100	0	0	0	0
2	70	69	1	99	1	3	3	0
3	70	69	1	99	1	6	6	0
4	70	68	2	97	3	11	11	0
5	70	67	3	96	4	19	18	1
6	70	66	4	94	6	28	26	2
7	70	66	4	94	6	37	35	2
8	70	65	5	93	7	51	47	4
9	70	63	7	90	10	66	59	7
10	70	61	9	87	13	79	69	10
合计	700	664	36	95	51	300	274	26

假设申请案件共有 1 000 件，其中核准 700 户，拒绝 300 户。先将核准户依照初步模型评分高低分为 10 个分组，分别将各分组客户事后的好坏状况填入正常户（B）及违约户（C）字段中，并以此计算各分组的正常概率（D）及违约概率（E）。

拒绝案件依初步模型套算的好坏比（Odds），归类至对应的分组中，以分组 6 为例，被分类至此的拒绝户共计 28 户，此分组的正常率为 94%，因此，可从 28 户中随机抽取 94%（26 户）假定其为正常户，剩余 2 户则假定为违约户。

（七）步骤 7：效力验证

模型建立完成后的验证可分为样本外验证（Out-of-Sample Validation）和时间外验证（Out-of-Time Validation），前者使用保留样本（Holdout Sample），后者则使用建模样本期间之外的案件以进行测试（见图 1-5）。

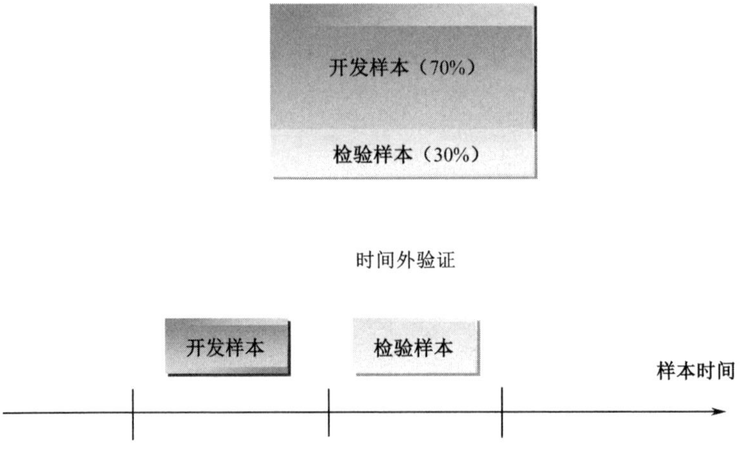

图 1-5　样本外验证

除了测试样本外，模型效力评量指针也可分为区分度与稳定度两大类，以下将就这两类指标进行说明。

1．区分度指标

所谓的区分度指模型对好坏客户的辨识能力，区分度越强，表示模型准确性越高（见图 1-6）。如果借由评分就可以精准地将好坏客户完全区分开来，那是理想上最好的模型，只可惜现实世界中无法做到百分之百的预测，虽然在绝大多数的状况下坏客户集中于低分区域，而好客户则集中于分数较高区域，但两者仍会有一定程度的重叠，建模人员所要努力的是尽可能将好坏客群的分数差距拉开。最糟糕的状况是完全无法显现风险排序效果，好坏客户的分配几乎一样。

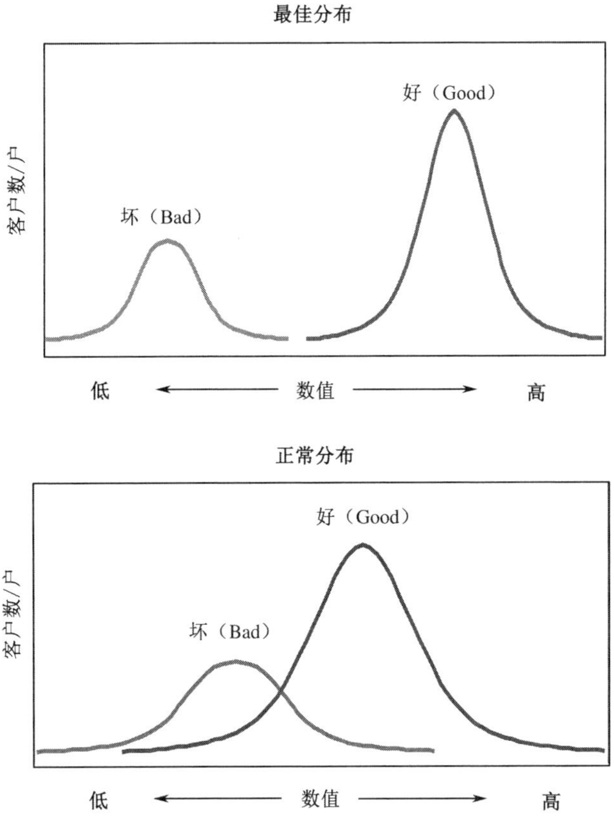

图 1-6　客户评分最佳分布

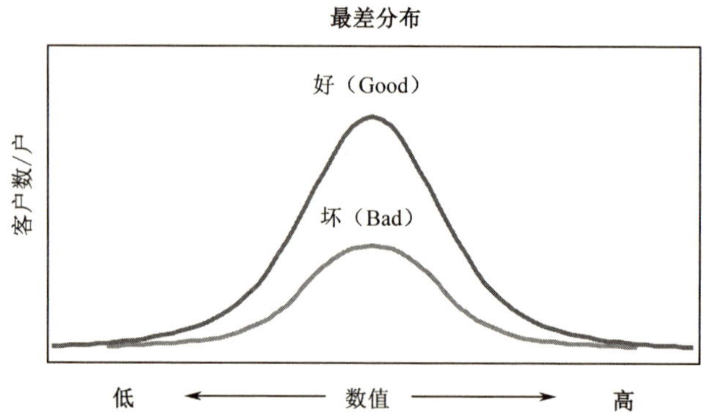

图 1-6 客户评分最佳分布（续）

常用的区分度指标有 K-S 值（Kolmogrov-Smirnov）（见图 1-7）及基尼系数（Gini Coefficient）。

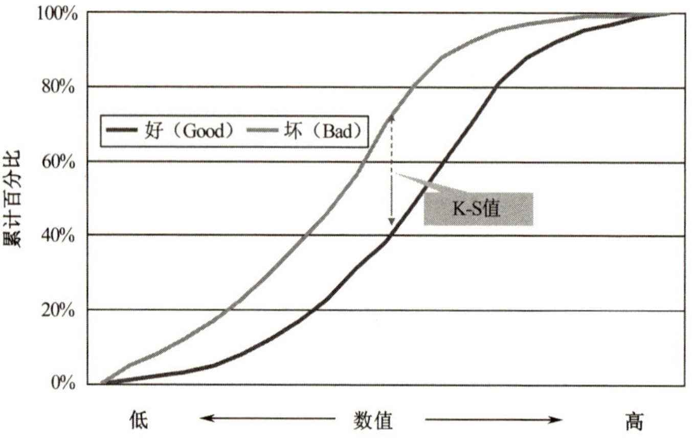

图 1-7 检验图

K-S 值主要是测量好坏分布的最大差距，因此，需先依分数分别画出好坏客户累计百分比线图，两者之间最大的差距值即为 K-S 值（见表 1-6）。计算公式为 MAX（| Bad%（累计）−Good%（累计）|），其值越大表示模型区分能力越强。

表 1-6　K-S 值与解释能力关系表

K-S 值	解释能力
＜0.20	No
0.21～0.40	低
0.41～0.50	中
0.51～0.60	高
0.61～0.75	极高
＞0.9	太高，可能有问题

另一个常用的区分度指标为基尼系数，分别以纵轴及横轴表示分数由高至低及好坏客户的累计百分比，用以显示各分数下好坏客户的累计差异（见图 1-8）。

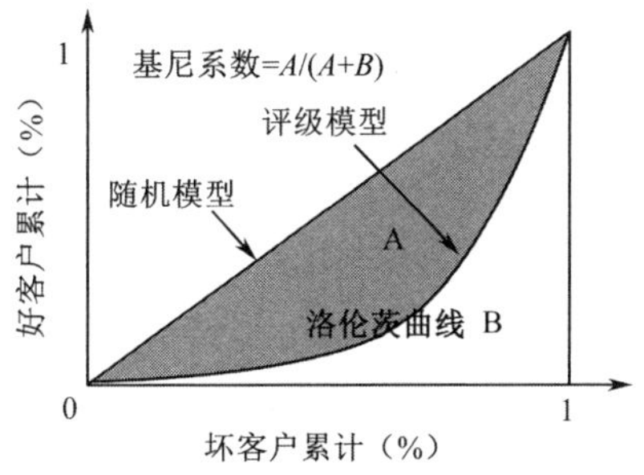

图 1-8　好坏客户累计百分比

图 1-8 中好坏客户累计百分比所画出的对应关系线称为洛伦茨曲线（Lorenz Curve），45° 线表示完全无好坏区分能力的模型，两者之间的区域除以 45° 线以下面积即为基尼系数。与 K-S 值一样，其值越大表示模型区分能力越强（见表 1-7）。

表 1-7　基尼系数与解释能力关系

基尼系数	解释能力
0	No
0～0.4	低
0.4～0.6	中
0.6～0.8	高
＞0.8	极高

2．稳定度指标

由于模型是由特定时期的样本所开发，此模型是否适用于开发样本之外的族群，必须经过稳定性测试才能得知。稳定度指标（Population Stability Index，PSI）是指可衡量测试样本及模型开发样本评分的分布差异，也是最常见的模型稳定度评估指标（见表 1-8）。PSI 计算公式如下：

$$\sum_{i=1}^{n}(Ri\% - Bi\%) \times \ln(\frac{Ri\%}{Bi\%})$$

式中，i 为分数级距，n 为分数级距数；

$Ri\%$为保留样本于各分数级距下占率；

$Bi\%$为模型开发样本于各分数级距下占率。

表 1-8　稳定度指标衡量

稳定度指标（PSI）	模型稳定度
＞25%	低
10%～25%	中
＜10%	高

稳定度指标（PSI）的实际应用范例如下。

（1）样本外测试。本例中保留样本与开发样本之间的 PSI 值仅 0.08%，表示建模的样本并无偏误状况（见表 1-9）。

表 1-9　建模开发样本与保留样本的 PSI

	保留样本（30%）
开发样本（70%）	0.08%

（2）时间外测试（见图 1-9）。

测试基准日与建模基准日相隔越远，测试样本的风险特征与建模样本的差异可能越大，因此 PSI 值通常较高。以本例而言，测试基准日 2 距离建模基准日较远，故其 PSI 值较测试基准日 1 高。

测试基准日1	测试基准日2
0.90%	2.10%

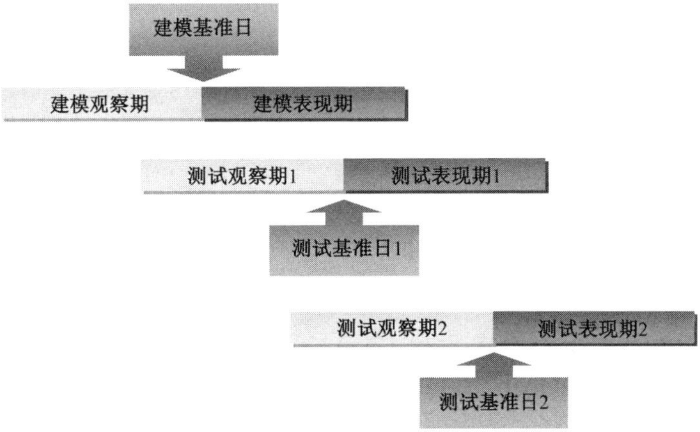

图 1-9 建模基准日与不同评分基准日的 PSI

以上介绍的各项指标不仅于建模时期用以验证模型效力，未来上线之后每月也需定期监控模型区分力及稳定度表现，如发现指标背离理想值，则需进一步了解各个变量是否出现异常。

第三节 评分应用

信用评分的应用范围广泛，包括申请准驳、进件额度决定、贷后额度管理、中途授信、复审作业、交易授权、风险定价、交叉销售及催收作业等。若搭配决策支持系统（Decision Support System，DSS），更能发挥其强大的效益。

由于评分较细，为求风险排序平滑及使用方便，通常会将其切分为 10～20 个风险等级（Aligned Risk Grade，ARG），将风险相近者归为一类（见表 1-10）。

表 1-10 风险等级制与累计违约

风险等级	户数/户	累计户数/户	违约户数/户	违约率/%	累计核准率/%	累计违约率/%
20	26	26	0	0.0	1.3	0.0
19	67	93	0	0.0	4.7	0.0
18	138	231	1	0.7	11.6	0.1
⋮	⋮	⋮	⋮	⋮	⋮	⋮
10	147	1 317	10	6.8	65.9	2.0
9	134	1 451	12	9.0	72.6	2.6
8	117	1 568	13	11.1	78.4	3.2
7	101	1 669	13	12.9	83.5	3.9
⋮	⋮	⋮	⋮	⋮	⋮	⋮
2	36	1 971	8	22.2	98.6	6.6
1	29	2 000	7	24.1	100.0	7.0
合计	2 000		139	7.0		

风险等级制订完成后即可依据各等级所对应的累计核准率与累计违约

概率决定临界点（Cut-Off Point）（见图 1-10）。

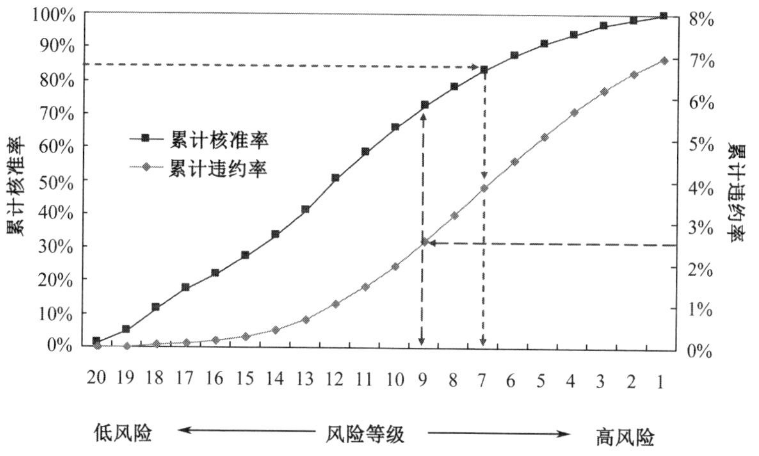

图 1-10 决定临界点（Cut-Off Point）分析

图 1-10 以申请评分卡为例，若希望进件核准率在八成以上，临界点应设定在风险等级 7，其对应的预期违约概率为 3.9%。不过若银行可容忍的最高违约概率为 3%的话，临界点应调整至风险等级 9，其对应的核准率为 72.6%。由此可知，若想提升核准率，必须承受更高的违约风险；反之，若欲压低违约率，势必牺牲案件的核准率。因此，评分临界点也可视为银行业务及风险的平衡点。

临界点的个数可分为单临界点、双临界点及多临界点，其中单临界点将客户一切为二，不是直接核准就是直接拒绝，此方式较为少见（见图 1-11）。双临界点的概念为高临界点以上核准，低临界点以下拒绝，介于两临界点之间者则由人工进一步审核。

多临界点多与决策树结合，不同条件下搭配不同评分临界点，做出不同的决策。在使用多临界点时须注意勿加入过多风险条件，否则，将降低信用评分的影响力（见图 1-12）。

任何预测模型皆因无法达到完美的境界，难免造成误判。因此遭到评分临界点直接拒绝的案件，事后应给予申覆机会，此类分数低于临界点的重判称为“低分重判”（Low-Side Override，LSO）。反之，某些案件虽然高于评分临界点，但因特殊原因将其拒绝，此状况称为“高分重判”（High-Side Override，HSO）。无论是低分重判还是高分重判皆需控制在一定比率之下，并且事后观察其表现表现。

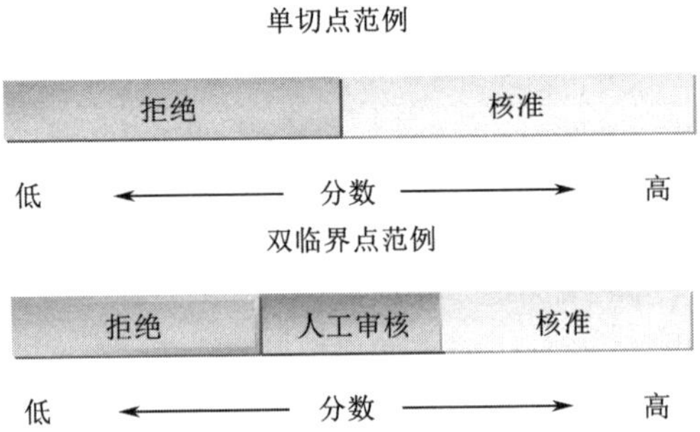

图 1-11　单/双临界点范例

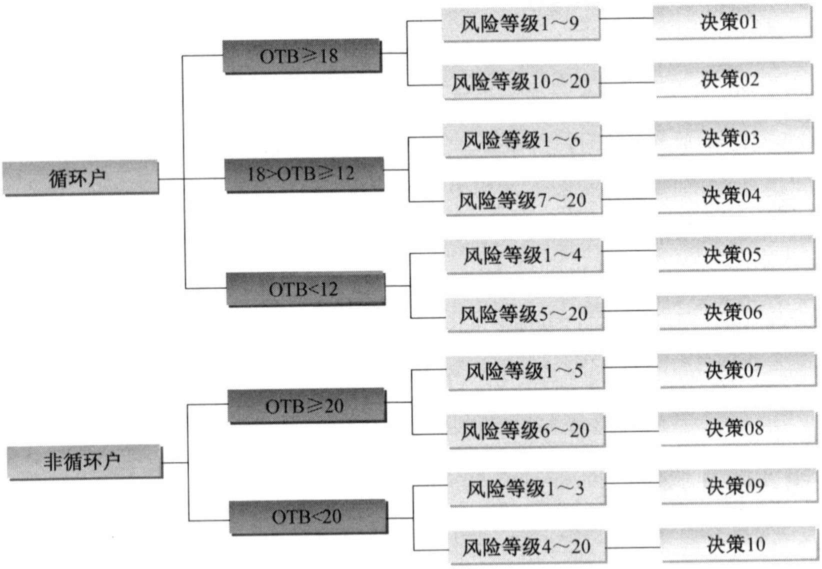

图 1-12　多临界点范例

若银行同时采用两张信用评分卡，可做交叉参考，两种评分皆高者，风险相对较低，但若两项评分皆不佳，则可推断其风险较高。其应用概念如图 1-13 所示。

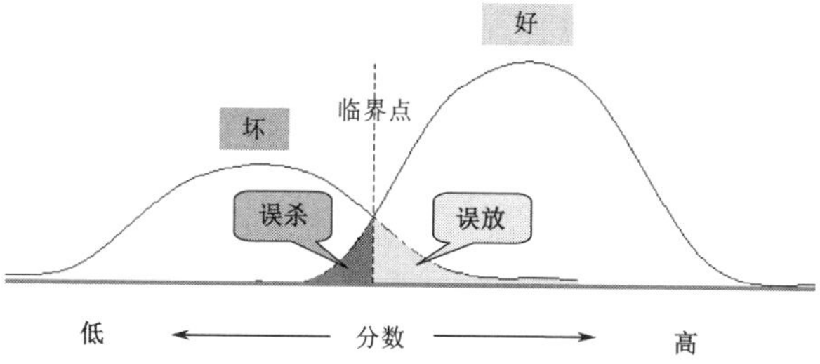

信用评分二 \ 信用评分一	高	中	低
高	核准	核准	人工审核
中	核准	人工审核	拒绝
低	人工审核	拒绝	拒绝

图 1-13　内外信用评分使用策略

较常见的状况为银行同时采用内部信用评分及外部，如联合征信中心的评分，两者采用变量的考虑面向可能有所不同，因此，可产生互补的效果（见图 1-14）。

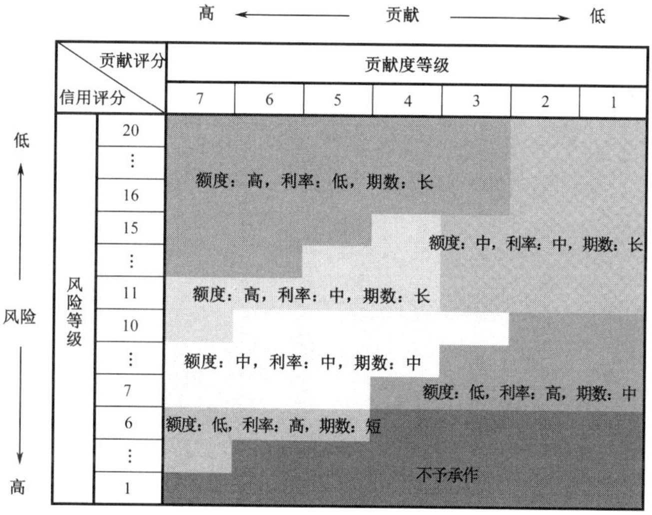

图 1-14　联合征信中心评分

当发现两张信用评分卡评分结果出现差异越来越大时，应尽速调出案件以人工重新审阅，并详细检查评分卡中的变量区分效力有无偏差或是出现偏移现象。

另外一种双评分卡的应用是风险维度与贡献度维度的搭配。由于信用评分以风险为主要考虑，但银行的经营，业务成长与风险管理应并重，两者缺一不可。为在损益中取得平衡以追求最大利润，决策应同时参考信用评分及客户贡献评分。

近年来，信用评分成为风险管理重要的工具，各金融机构纷纷投入资源发展各式评分卡，一时之间成为热门的讨论话题，仿佛有了信用评分就能无往不利。诚然，信用评分提供了科学化的风险量尺，但绝非风险管理的万灵丹。

事实上，再精密、再昂贵的工具也应有完整的后勤支持及正确的使用观念。评分模型高度依赖优质的信息管理体系，没有扎实的基础建设，就不会有可靠的信用评分。除此之外，影响客户风险的内外部因素随时都在变化之中，MIS 人员对评分模型必须进行连续监控修正，风险管理人员也必须随时调整策略，所以，信用评分并非一次性的工程。

在建模及后续的维护过程中，MIS 和 IT 人员运用统计及信息管理技术，使模型达到最佳的预测效力。但不要忘记，工具的本质还是工具，同样的评分卡在不同管理者的使用之下，再搭配不同的策略，可能会得到截然不同的结果。用户的知识、经验及观念才是真正决定信用评分效果的关键因素。

第二章

信用评分模型规格与设计

第一节　数据收集、质量检验

笔者从过往评分模型开发经验来看，资料的收集往往是整个项目过程中最繁复吃力的工作，毕竟数据的质量及其涵盖范围主导着最终模型的预测结果。模型鉴别力是否合乎项目预期目标？使用的数据变量是否足够解释应变量的产生？这一切皆依赖完整良好的开发数据来确保评分模型的效度与适切性。

在数据收集阶段，我们首要检视的项目如下。

一、是否有足够的坏客户

模型开发的最终目的在于分辨好坏客户，倘若开发母体本身的坏客户数量不多，会直接影响我们找出坏客户的行为模式，致使缺乏足够的样本以产生有意义的统计分析。

二、数据的可得期间是否满足项目目标

统计模型的重要基础是利用过去的历史资料预测未来母体的表现结果，也暗示历史数据必须在某种程度上具有与现行或未来母体客群的相似性。假使数据期间所涵盖的产品或客户已非开发模型的目标客群，则此历史资料不具备代表性，不适合作为开发模型的数据源。

三、变量数据是否准确

为了能正确建立自变量与应变量间的预测关系，在捕捉变量数据时，需确认数据字段的定义和其记录时的方式。例如，“年收入”这个变量，一般对预测申请件好坏具有很强的鉴别力，但若存在下述情况，则会影响变量数据的准确性可能会导致最终“年收入”变量的鉴别力不佳。

（1）分析人员需确认的年收入定义是否一致？

（2）是以 14 个月还是 12 个月收入做加总？

（3）数值是否翔实？

（4）未填写数据时是否维持空白或代入预设数值？

第二节　应排除的数据样本

并非所有历史数据皆可纳入模型开发样本，在筛选合格样本时，首先需透过数据检核摒除有瑕疵的样本。例如，数据不完整导致变量遗失值比例过高，或是样本留存的逻辑不符合模型开发需求等；其次则需设定属于“不予评分”或“政策拒绝”等项目的排除条件。

进一步说明排除条件的定义，其泛指用来辨认因政策更改或其他因素致使其信用行为与一般客户不同的样本条件。如果将这类样本用于开发，将会使模型效度产生偏移。例如，专为 VIP 客户设计的顶级信用卡，因其对收入设置高门槛，此类客户倒账的情况可以说微乎其微；若将其纳入开发样本中，可能使得模型在预测除收入外的其他变量属性与 VIP 相同客群的行为表现时，产生显著偏低的倒账概率。

政策拒绝条件是指客户申请信用贷款时，因客观条件明显被认定具有高信用风险（如在联征中心有强停或拒往记录）而遭自动拒绝的申请条件。模型开发单位在选取开发样本时，必须将该政策拒绝样本予以排除，以避免影响评分模型的效度。

第三节 样本期间、好坏客户定义

要想确定信用评分模型开发所需的数据期间长度，一般会从最新资料的留存时点开始推算，并利用账龄分析（Vintage Analysis）观察目标客户的违约成熟期长度，借此设定表现期间的长度。以开发信用卡行为评分为例，假使我们观察到正常客户一般在 12 个月后转坏比例趋于稳定，则其表现期间为 12 个月。

资料期间的区段及定义将在以后的章节中详细说明，在此需特别提醒读者：开发申请评分模型所需观察期间为搜集各月份申请案件，而行为评分模型所需观察期间，则是先确定资料快照（Snapshot）作为观察时点，其观察期间则是指该时间点过去 N 个月内的行为表现。图 2-1 分别以 12 个月的长度作为观察期间与表现期间，若是行为评分，则是以观察时点 2001 年 12 月 31 日过去 12 个月的行为表现作为自变量来源；若是申请评分，则是以 2001 年 1 月至 2001 年 12 月即过去 12 个月的申请，分别对应 12 个月的表现时点。例如，2001 年 1 月的申请，其表现时点对应为 2002 年 1 月 31 日。

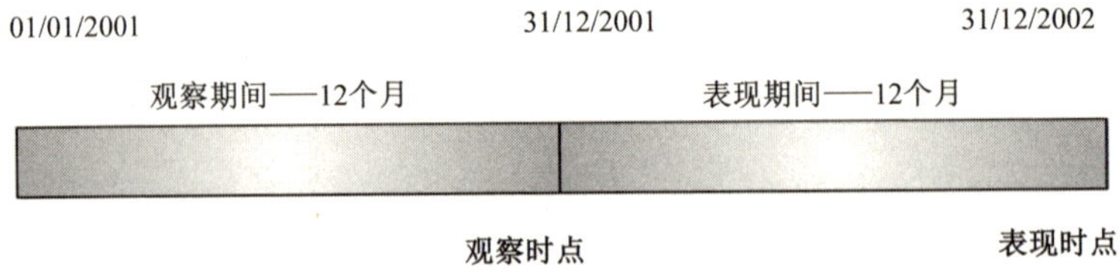

图 2-1 样本期间

一、观察时点（Observation Point）

观察时点是指评分卡项目中，所需样本选取的时间点。该时点下的客户信息即是评分模型用来评价客户的信用水平及预测客户未来是否发生违约的重要参考。不过要注意的是，必须将观察期间内符合政策拒绝条件与排除条件的样本排除在开发样本外。

二、观察期间（Observation Period）

观察期间是指开发样本过去的信用状况与缴款记录，该期间，样本的相关信息都是开发信用评分模型的重要参考，也是组成模型的基本架构。

三、表现时点（Outcome Point）

表现时点是开发单位最终判断选取样本属于好坏客户，或是无法决定客户的时间点。

四、表现期间（Outcome Period）

表现期间是指开发样本与本行往来的信用状况，以供模型开发单位于表现时点判断样本的好坏属性，客户发生违约的情况会经过一段时间而趋于稳定成熟，所以，表现期间的长度至少需要与成熟期一致甚至更长才行。

所有合格的开发样本均由其绩效表现决定。可能的表现表现共有 3 类：好（Good）、坏（Bad）和不确定（Indeterminate），任一开发样本皆需依序检视其表现期间是否符合好坏件定义指标（G/B Indicator），继而判定其表现表现。

信用风险评分模型样本的绩效表现一般主要是依据其账户延滞状况决定的。然而，由于产品特性的不同，不同产品可能有不同的坏件定义，代表着不同的延滞程度。例如，担保型贷款产品的客户在前期延滞期间还款的概率仍然很高，因此，在坏件定义上，采取的延滞程度标准往往比无担保产品宽松（一般而言，有担保常用 120 天，无担保则用 90 天）。

为了判定绩效表现，最初，会以产品延滞严重程度下定义，而后再由表 2-1 所示的滚动率分析来观察样本属性在经过一段时间后，是否会产生偏移变化，并以此决定好（Good）、坏（Bad）或不确定（Indeterminate）的定义（见表 2-2）。

滚动率分析的二维分析表可以协助分析人员了解样本属性在不同时间内好坏比例的变化，借此观察样本的好坏定义指针是否需要进行调整。表 2-1 滚动率二维分析的纵轴为初始观察 12 个月的表现表现，横轴则是继续再观察 6 个月后的表现表现。以第一列 Gb Ind 12 为 B01 的数据来说明，385 件案例中经过 6 个月的表现表现 100%仍是维持在 B01 的状态，显示其由坏转好的比例为 0，可以确切认定其为坏（Bad）。然而，随着 GB Ind 12 的延滞程度趋缓，好坏区分会越来越难界定。例如，I16 的 305 件案例中，有 42 件在 6 个月后会落入 B01 至 B13 的状态，转坏比例是 13.77%。对于 I16 的客户究竟是列为好（Good）、坏（Bad）还是不确定（Indeterminate），则要视产品人员对此比例的容忍程度而定。

表 2-1 滚动率二维分析表

好坏件定义 12	好坏件定义 B01	B02	B03	B04	B05	B06	B07	B08	B09	B10	B11	B12	B13	I14	I15	I16	I17	G18	G19	B	I	G	坏件率/%	合计件数/件	合计/%
B01	385	0	0	0	0	0	0	0	0	0	0	0	0	0	0	0	0	0	0	385	0	0	100.00	385	0.19
B02	137	82	0	0	0	0	0	0	0	0	0	0	0	0	0	0	0	0	0	219	0	0	100.00	219	0.11
B03	9	9	30	0	0	0	0	0	0	0	0	0	0	0	0	0	0	0	0	48	0	0	100.00	48	0.02
B04	2	1	0	11	0	0	0	0	0	0	0	0	0	0	0	0	0	0	0	14	0	0	100.00	14	0.01
B05	1	0	0	0	0	0	0	0	0	0	0	0	0	0	0	0	0	0	0	1	0	0	100.00	1	0.00
B06	4	1	0	0	0	0	0	0	1	0	0	0	0	0	0	0	0	0	3	6	0	3	66.67	9	0.00
B07	0	0	0	0	1	0	0	0	0	0	0	0	0	0	0	0	0	0	0	1	0	0	100.00	1	0.00
B08	0	0	0	0	0	0	0	0	0	0	0	0	0	0	0	0	0	0	0	0	0	0	—	0	0.00
B09	0	0	0	0	0	0	0	0	0	0	0	0	0	0	0	0	0	0	0	0	0	0	—	0	0.00
B10	1	1	0	0	0	0	0	0	0	0	0	0	0	0	0	0	0	0	0	2	0	0	100.00	2	0.00
B11	34	8	0	0	0	0	0	0	1	0	0	0	0	0	0	0	1	0	8	43	1	8	82.69	52	0.03
B12	0	0	0	0	0	0	0	0	0	0	0	0	0	0	0	0	0	0	0	0	0	0	—	0	0.00
B13	2	3	0	0	0	0	0	0	0	0	0	0	0	0	0	0	1	1	1	5	1	2	—	—	—
I14	0	0	0	0	0	0	0	0	0	0	0	0	0	0	0	0	1	0	6	0	1	6	0.00	7	0.00
I15	10	10	2	0	0	0	0	0	0	0	0	0	3	1	3	7	6	19	23	25	17	82	20.16	124	0.06
I16	27	7	5	0	0	0	0	0	0	0	3	0	0	0	4	4	5	26	224	42	13	250	13.77	305	0.15
I17	3	1	0	0	0	1	0	0	0	0	0	0	1	1	0	0	1	6	44	6	2	50	10 34	58	0.03
G18	12	18	4	0	0	4	0	0	1	0	3	0	0	0	24	53	7	278	3.140	42	84	3 418	1.19	3 544	1.77
G19	59	114	28	0	1	1	0	0	0	2	30	0	2	1	23	235	14	887	193.888	237	273	194 755	0.12	195 285	97.61
Iotal	686	255	69	11	2	6	0	0	3	2	36	0	6	3	54	299	36	1 217	197 377	1 076	392	198 954	0.54	200062	100.00

表 2-2　好坏件定义指标（G/B Indicator）

好坏定义指标	定义
B01	转销呆账（延滞超过 180 天）
B02	强制停用
B03	内部债务协商
B04	跨行协商
B05	目前延滞状态为 M4+
B06	目前延滞状态为 M3
B07	目前延滞状态为 M2 且过去 11 个月有 M3+记录
B08	目前延滞状态为 M1 且过去 11 个月有 M4+记录
B09	目前缴款正常但过去 11 个月有 M4+记录
B10	目前延滞状态为 M2 且过去 11 个月有 M2 记录
B11	目前延滞状态为 M2 且过去 11 个月有 M2+记录
B12	目前延滞状态为 M1 且过去 11 个月有 M3 记录
B13	目前延滞状态为 M1 且过去 11 个月有 M2 记录
I14	目前缴款正常但过去 11 个月有 M3 记录
I15	目前延滞状态为 M1 且过去 11 个月有 M1 记录
I16	目前延滞状态为 M1 且过去 11 个月无延滞记录
I17	目前缴款正常但过去 11 个月有 M2 记录
G18	目前缴款正常但过去 11 个月有 M1 记录
G19	目前缴款正常

第四节　范例

请利用以下几个方面，决定此评分模型的表现期间（Outcome Period）。

一、账龄分析（Vintage Analysis）

如表 2-3 所示，各期间申请客户于核卡 9 个月后，坏件率增加减缓，并维持稳定态势。但需注意后期申请案件（2009 年 11 月—2009 年 12 月）其坏件比率有增加的趋势。

图 2-2 是利用总和坏件率观察客户核卡后的表现，发现 9 个月后的坏件率趋于平缓，由此可判定此样本的表现期间可定于 9～12 个月。然而，就一般实务建模经验与新巴塞尔资本协议针对内部风险因子的规范而言，建议以 12 个月为单位较为合适。

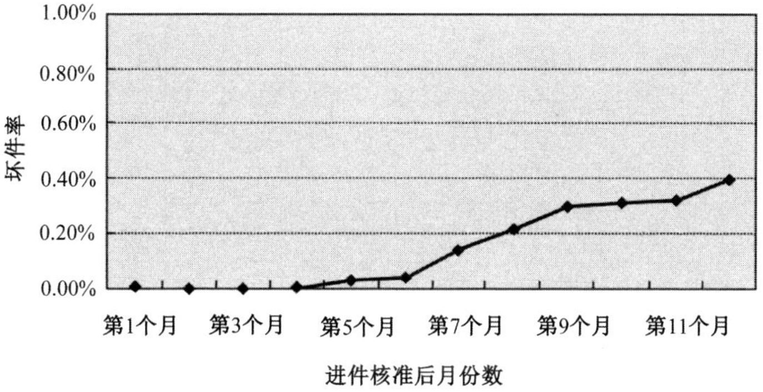

图 2-2　账龄分析

表 2-3　账龄分析

进件时间	进件总数/件	坏件率/%											
		第 1 个月	第 2 个月	第 3 个月	第 4 个月	第 5 个月	第 6 个月	第 7 个月	第 8 个月	第 9 个月	第 10 个月	第 11 个月	第 12 个月
200901	297	0.00	0.00	0.00	0.00	0.00	0.00	0.00	0.00	0.34	0.64	0.64	0.64
200902	282	0.00	0.00	0.00	0.00	0.00	0.00	0.00	0.00	0.00	0.00	0.12	0.13
200903	564	0.00	0.00	0.00	0.00	0.00	0.00	0.00	0.00	0.22	0.25	0.25	
200904	633	0.00	0.00	0.00	0.00	0.00	0.00	0.00	0.16	0.35	0.35		
200905	606	0.00	0.00	0.00	0.00	0.00	0.00	0.17	0.33	0.43			
200906	852	0.00	0.00	0.00	0.00	0.00	0.00	0.35	0.47				
200907	960	0.00	0.00	0.00	0.00	0.00	0.00	0.20					
200908	731	0.00	0.00	0.00	0.00	0.14	0.25						
200909	740	0.00	0.00	0.00	0.00	0.14							
200910	744	0.00	0.00	0.00	0.00								
200911	713	0.00	0.00	0.00									
200912	662	0.00	0.00										
总和坏件率/%		0.00	0.00	0.00	0.00	0.03	0.04	0.14	0.22	0.30	0.31	0.32	0.39

第三章

分组（Segmentation）目的与分析选择

第一节　分组目的

将目标客群利用组内差异小、组间差异大的特性，切割成不同的群集，并针对个别分组开发适用的评分模型。一般采取分组（Segmentation）的主要原因是：有些单一变量虽对整体客群有鉴别力，但不一定对特定客群也具有鉴别力。举例来说，对申请评分模型而言，“年龄”这个变量在判定表现指针上具有一定程度的鉴别力，但若将申请样本按照收入分成“高收入分组”与“低收入分组”，如图 3-1 所示，可看出坏件率（Bad%）在高收入分组中，各年龄区间的差异并不显著。

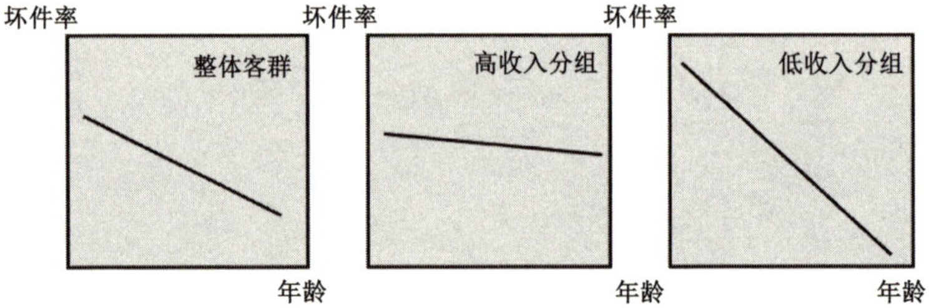

图 3-1　单一变量与不同分组的坏件率表现

因此，若能善用分组，将可替每个分组找出适合它的变量与模型，进而大幅提升整体模型的鉴别力。但另外需提醒一点，经过分组而进行开发的模型，必须在稍后阶段进行风险校准（Calibration），将各分组评分结果所代表的风险程度一致化，在第八章将会有专门的介绍。

第二节　分组分析

分组分析的主要目的在于寻找一个适当的母体分组方式，将合格样本区分至各个分组后，分别开发各自的评分模型。分组分析主要可采取以下两种方式。

一、业务需求（Business Sense）

业务需求是依照实际业务作业流程或历史经验法则先行找出可能的分组方式，之后再由统计分析结果验证是否是有意义的分组。

在提出或决定潜在分组因子前，模型开发人员首先需检视评分模型的开发目的，才能确切比对相关业务经验。以信用卡行为评分模型为例，若模型本身的开发目的是执行风险区隔，依照一般经验，客户延滞与无延滞是相当有力的分组方式；若行为评分开发的目的着重于营销跨售机会，则全清户与循环使用户在业务机会点上也有显著差异。

二、统计预测力（Predictive Power）

统计预测力是纯粹利用统计分析模块进行［如决策树（Decision Tree）及聚类分析（Cluster Analysis）等］的，借此找出对表现指标有预测意义的分组变量。

另外，分组方式的决定往往不能偏向于上述两种方式，一个理想的分组最好能同时满足实务面与统计面的分析结果。

以下综合统计数量与实务观点概略说明了分组方式需符合的条件：

（1）利用统计分析初步筛选具备预测力的分组变量，再借由以下过程决定该变量的分组结果是否合乎统计与实务面的要求。

（2）各分组均涵盖足够多的样本数进行模型开发。

（3）分组间好坏比值[1]（Good/Bad Odds）使各分组间具有显著差异。

（4）分组间变量风险轮廓（Risk Profile）具有显著差异。

以表 3-1 为例，无延滞（Not Delinguent）与延滞（Delinquent）两个分组在额度使用率（Utilization-Rate）各区间显示好坏比值有明显差别，可给予不同分数。

表 3-1　分组间变量风险轮廓差异

	整体	无延滞分组	延滞分组
额度使用率区间	好坏对比值[2]	好坏对比值	好坏对比值
0	313G	237G	387G
1～10	824G	733G	710G
11～25	272G	232G	364G
26～40	101B	128B	205G
41～50	165B	210B	136G
51～65	243B	298B	106B
66～80	336B	382B	155B
81～100	564B	620B	252B
101+	937B	763B	376B
其他	N.A.	N.A.	N.A.
加总	100B	100B	100B

[1] 好坏比值（Good/Bad Odds 定义）：样本中以 Good 样本数作为分母，Bad 作为分子，两者相除所得比例。

[2] G/B Index 计算方式：若区间好坏比优于整体开发样本，则 G/B Index =(Interval 好坏比/Overall 好坏比)×100G；若区间好坏比低于整体开发样本，则 G/B Index = (Overall 好坏比/Interval 好坏比)×100B。

三、符合业务需求考虑

现以开发信用卡行为评分模型为例说明分组架构。如图 3-2 所示，左边往来期间不足 5 个月者予以排除，因无足够期间的账户历史数据作为自变量来源；右边延滞客群适用催收评分模型，故不予纳入；其他信用卡目前没有延滞的客户则是我们的主要目标客群，业务与统计实证皆指出全清户（Transactor）与循环使用户（Revolver）在风险程度与风险形态上均有显著差异，故选择以客户“是否使用循环”作为主要分组方式。

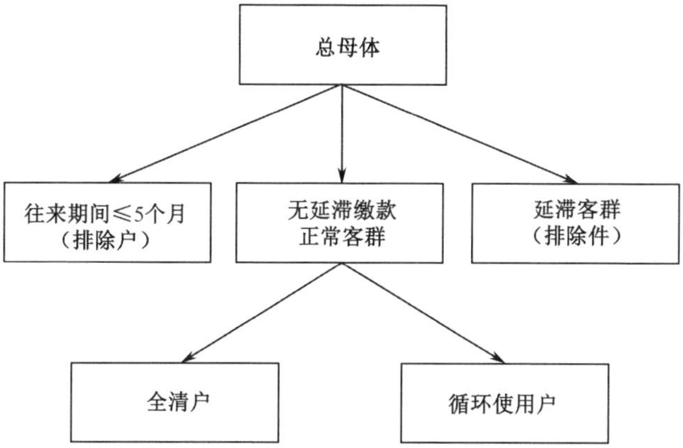

图 3-2　分组架构

第三节 范例

表 3-2 将利用额度使用率这一变量比较“无延滞客群”与“延滞客群”两个分组的表现，借以判定该分组方式合适与否。

表 3-2 分组比较

	无延滞客群				延滞客群			
额度使用率区间	好坏对比值	好坏比	总笔数/笔	占比/%	好坏对比值	好坏比	总笔数/笔	占比/%
0	237G	40.72	632 853	28.27	387G	9.52	32 795	10.45
1～10	733G	125.86	666 038	29.75	740G	17.47	45 157	14.38
11～25	232G	39.84	293 845	13.12	364G	8.96	32 799	10.45
26～40	128B	13.37	214 544	9.58	205G	5.06	33 800	10.77
41～50	210B	8.18	97 159	4.34	136G	3.36	19 486	6.21
51～65	298B	5.77	106 892	4.77	106B	2.33	27 482	8.75
66～80	382B	4.50	77 078	3.44	155B	1.58	25 348	8.07
81～100	620B	2.77	96 493	4.31	252B	0.98	41 147	13.11
101+	763B	2.25	53 996	2.41	376B	0.65	55 907	7.81
合计		17.17	2 238 898			2.46	313 921	

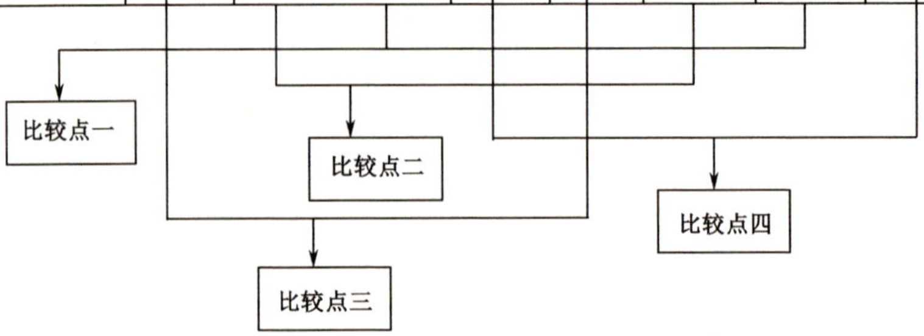

一、比较点三（Point 3）：风险轮廓（Risk Profile）

在此范例中，我们利用额度使用率来比较两分组的风险轮廓是否有显著不同。以变量值 26～40 为例，无延滞分组显示此类客户表现较平均差 1.28 倍，而延滞客群则显示此类客户表现为优于平均 2.05 倍。依此风险轮廓显示，效率使用率变量在两个分组模型中可产出不同分数，我们可依此逻辑全盘检视其他变量在此两分组的差异性是否相同。

二、比较点四（Point 4）：客户分布（Customer Distribution）

我们再观察一下同一变量在两个分组中是否有着不同的户数分布。在额度使用率的例子中，无延滞客群有超过 70%集中在使用率≤25 的区间，然而，延滞客群中只有约 35%落于此区间中，绝大多数的延滞客户有偏高的使用率。

读者可依上述各项比较点，逐一检视潜在分组变量，观察其是否符合评分模型分组的意义。

第四章

细致分析与自变量分析

评分模型是将所有能预测客户未来是否会发生目标事件的变量进行优化的排列组合，并予以适当的权重后，给予目标客群一个客观的信用评价。因此，模型变量的质与量会对评分模型的评价预测结果产生显著的影响。

在进入模型开发的程序前，开发单位会针对项目目标，邀集产品相关部门（开发/销售/征审等）进行讨论，并引导与会人员提出可能影响目标达成的潜在因素，进而列举未来开发程序所需要的各式变量逻辑与数据期间长度。后续信息单位接收项目开发数据的汇整需求，确认数据库系统状态，并针对开发单位提出的数据需求进行讨论，然后，信息单位列出长变量列表（Long List），供模型开发使用。

模型变量有两种类型，分别是连续型变量（Continuous Variable）与离散型变量（Discrete Variable）。连续型变量是指该变量为观察数据所得的实际数值，并没有经过群组处理，例如，客户出生日为 1973 年 10 月 24 日，以 2009 年 12 月 31 日为计算时点，则该客户的年龄即为 36 岁；离散型变量是指质性变量或类别型变量，例如，将客户教育程度分为“中学以下”“大学”及“研究生以上”，或将变量实际数值进行分组处理，例如，将客户年龄进行分组处理，20～29 岁为年龄群组一，30～39 岁为年龄群组二。如果客户年龄为 36 岁，则归到年龄群组二中。

两种变量类型都适用于评分模型，但我们建议变量使用离散形态进行评分模型开发，主要原因如下。

（1）离散型变量有助于处理极端值或是样本数量较少的变量。

（2）非线性的因变量（Dependencies）可应用于线性模型（Linear Model）。

（3）离散型变量可协助模型开发人员了解各变量与目标事件的趋势关系。

（4）开发单位可预先知悉发生目标事件的开发样本及其概略的行为特质。

第一节　细致分类（Fine Classing）

长变量列表完成后，会持续进行细致分类（Fine Classing），将连续型变量区分成几个区间，以便进行单变量分析。

细致分类的一般做法是将变量按样本比例均分（Equal Population）的方式分为10～20个区间，观察变量与目标事件的逻辑趋势（Logical Trend）和实际业务经验是否相符，如果趋势与认知不相符，即表示该变量不适合用于开发模型，然后，再配合单变量分析结果进行变量筛选。

第二节　范例

表 4 -1 分别利用“近 1 个月的额度使用率”及“与银行往来期间”两个变量，以预测“未来 12 个月内是否发生违约”为目标事件，说明细致分类的过程。

范例一：近 1 个月的额度使用率

首先，计算所有样本的额度使用率并由低到高排序，按比例均分的原则将样本分为 20 个分组区间，并找出每个分组区间的临界值，根据分组区间临界值统计各分组的正常户、违约户与总户数，衍生后续的各项数据并制作细致分类表（见表 4-1）。

根据一般信用卡业务经验，客户的额度使用率越大，未来发生违约的概率越高，对照近 1 个月额度使用率分组与违约率的趋势图可以发现，当开发样本接近 1 个月、额度使用率变大时，违约率确实呈现增加的趋势，该趋势与业务经验一致，且近 1 个月额度使用率大于 20.60%时，其分组违约率便开始高于样本平均违约率（见图 4-1）。

表 4-1　近一个月额度使用率的细致分类表

分组	正常户/户	违约户/户	总户数/户	正常户百分比/%	违约户百分比/%	户数百分比/%	违约率/%	好坏比	好坏对比值
近一个月的额度使用率≤0.30%	41 888	50	41 938	5.10	0.55	5.05	0.12	838	921 G
近一个月的额度使用率≤0.50%	41 477	62	41 539	5.05	0.69	5.00	0.15	669	736G
近一个月的额度使用率≤0.80%	41 077	58	41 135	5.00	0.64	4.95	0.14	708	779G
近一个月的额度使用率≤1.00%	41 726	60	41 786	5.08	0.66	5.03	0.14	695	765G
近一个月的额度使用率≤1.40%	41 385	63	41 448	5.04	0.70	4.99	0.15	657	722G
近一个月的额度使用率≤1.60%	40 888	66	40 954	4.98	0.73	4.93	0.16	620	681G
近一个月的额度使用率≤2.10%	41 867	82	41 949	5.10	0.91	5.05	0.20	511	562G
近一个月的额度使用率≤2.60%	41 285	89	41 374	5.03	0.99	4.98	0.22	464	510G
近一个月的额度使用率≤3.20%	41 318	95	41 413	5.03	1.05	4.99	0.23	435	478G
近一个月的额度使用率≤3.90%	41 585	102	41 687	5.06	1.13	5.02	0.24	408	448G
近一个月的额度使用率≤4.80%	41 469	99	41 568	5.05	1.10	5.01	0.24	419	461G
近一个月的额度使用率≤6.00%	41 449	125	41 574	5.05	1.38	5.01	0.30	332	365G
近一个月的额度使用率≤7.80%	41 214	131	41 345	5.02	1.45	4.98	0.32	315	346G
近一个月的额度使用率≤10.20%	41 277	159	41 436	5.03	1.76	4.99	0.38	260	286G
近一个月的额度使用率≤14.00%	41 324	211	41 535	5.03	2.34	5.00	0.51	196	215G
近一个月的额度使用率≤20.60%	41 259	286	41 545	5.02	3.17	5.00	0.69	144	159G
近一个月的额度使用率≤32.20%	40 977	523	41 500	4.99	5.79	5.00	1.26	78	116B
近一个月的额度使用率≤51.80%	40 322	1 196	41 518	4.91	13.24	5.00	2.88	34	270B
近一个月的额度使用率≤80.70%	39 268	2 238	41 506	4.78	24.78	5.00	5.39	18	518B
近一个月的额度使用率>80.70%	38 175	3 337	41 512	4.65	36.95	5.00	8.04	11	795B
合计	821 230	9 032	830 262	100.00	100.00	100.00	1.09	91	

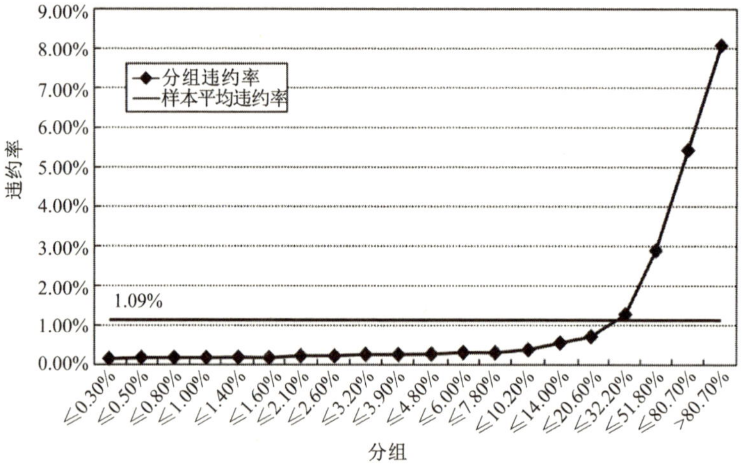

图 4-1　近一个月额度使用率分组与违约率的趋势

范例二：与银行往来期间

首先，计算所有样本的“与银行往来期间”并由低到高排序，按照比例均分的原则将其分为 20 个分组区间，找出每个分组区间的临界值，根据分组区间临界值统计各分组的正常户、违约户与总户数，衍生后续的各项数据并制作细致分类表（见表 4-2）。

一般信用卡的业务经验告诉我们，客户与银行往来期间越久，未来发生违约的概率会越低，对照与银行往来期间分组与违约率的趋势图发现，开发样本的“与银行往来期间”与违约率之间没有任何显著的关系，与业务经验也不一致，这表示“与银行往来期间”并不适合用于开发信用评分模型，无须再进行后续的单变量分析（见图 4-2）。

表 4-2　与银行往来期间的细致分类表

分组	正常户/户	违约户/户	总户数/户	正常户百分比/%	违约户百分比/%	户数百分比/%	违约率/%	好坏比	好坏对比值
与银行往来期间≤9	43 428	99	43 527	5.29	1.10	5.2	0.23	439	482G
与银行往来期间≤14	55 393	217	55 610	6.75	2.40	6.70	0.39	255	281G
与银行往来期间≤16	39 084	223	39 307	4.76	2.47	4.73	0.57	175	193G
与银行往来期间≤17	67 404	309	67 713	8.21	3.42	8.16	0.46	218	240G
与银行往来期间≤18	10 056	50	10 106	1.22	0.55	1.22	0.49	201	221G
与银行往来期间≤23	39 054	235	39 289	4.76	2.60	4.73	0.60	166	183G
与银行往来期间≤26	41 771	408	42 179	5.09	4.52	5.08	0.97	102	113G
与银行往来期间≤33	37 095	715	37 810	4.52	7.92	4.55	1.89	52	175B
与银行往来期间≤40	46 735	716	47 451	5.69	7.93	5.72	1.51	65	139B
与银行往来期间≤46	32 964	563	33 527	4.01	6.23	4.04	1.68	59	155B
与银行往来期间≤52	52 170	746	52 916	6.35	8.26	6.37	1.41	70	130B
与银行往来期间≤55	28 642	370	29 012	3.49	4.10	3.49	1.28	77	117B
与银行往来期间≤61	51 066	798	51 864	6.22	8.84	6.25	1.54	64	142B
与银行往来期间≤65	44 472	553	45 025	5.42	6.12	5.42	1.23	80	113B
与银行往来期间≤67	38 430	525	38 955	4.68	5.81	4.69	1.35	73	124B
与银行往来期间≤69	39 601	335	39 936	4.82	3.71	4.81	0.84	118	130G
与银行往来期间≤81	32 095	562	32 657	3.91	6.22	3.93	1.72	57	159B
与银行往来期间≤91	39 952	606	40 558	4.86	6.71	4.88	1.49	66	138B
与银行往来期间≤104	41 754	601	42 355	5.08	6.65	5.10	1.42	69	131B
与银行往来期间＞104	40 064	401	40 465	4.88	4.44	4.87	0.99	100	110G
合计	821 230	9 032	830 262	100.00	100.00	100.00	1.09	91	

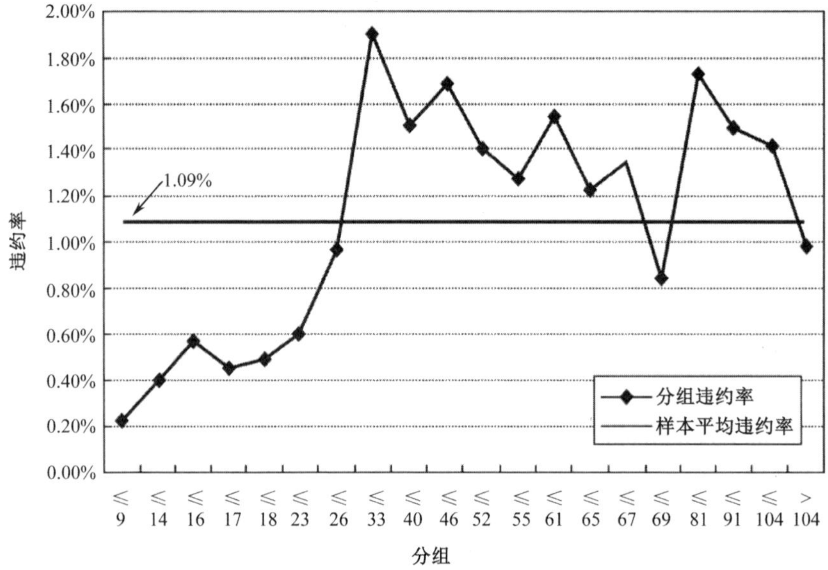

图 4-2　与银行往来期间分组与违约率的趋势

第三节　单因子分析（Single Factor Analysis）

在长变量列表上列举各式各样的变量，开发单位等待变量进行细致分组，比较业务经验与趋势，淘汰不一致的变量后，后续针对变量进行单变量分析，再利用分析数据观察变量在不同期间的稳定程度，以及对目标事件的预测能力大小，最常使用的指标就是群体稳定度指标（Population Stability Index，PSI）与信息值（Value Of Information，VOI）。

一、群体稳定度指标（Population Stability Index，PSI）

制订群体稳定度指标的主要目的是了解不同时间点的样本形貌是否有所改变，可用来评估整体模型的评分概况，或个别变量的变动情况。群体稳定度指标计算公式如下所示，在本章中将利用群体稳定度指针来观察变量分组在不同时点下的分布情况（第十章模型监控报告中将对 PSI 做更细致的说明）。

公式一：群体稳定度指标

$$\Sigma\text{（比较时点分组样本百分比-基准时点分组样本百分比）}$$

$$\times \ln\left(\frac{\text{比较时点分组样本百分比}}{\text{基准时点分组样本百分比}}\right)$$

一般而言，当 PSI 小于 0.1 时，即表示不同时点下，变量的分组样本百分比并无显著的变动，稳定度甚佳，可用来开发模型；现用两个不同期间的“近 1 个月额度使用率”数据说明如何使用 PSI 观察变量的稳定度。

将两个期间内各分组的样本数与样本百分比整理成列表（见表 4-3），根据前述的公式计算每一个分组的样本稳定数值，计算范例如下：

近 1 个月的额度使用率≤0.28%

(6.54%－5.05%)×ln (6.54% / 5.05%)＝0.0039

近 1 个月的额度使用率≤0.51%

(6.19%－5.00%)×ln (6.19% / 5.00%)＝0.0025

由表 4-3 可知，近 1 个月额度使用率随着时间的拉长有逐渐减少的趋势，但是 PSI 仅 0.0327，变动幅度并不大，可用于开发单位以后建构评分模型。

表 4-3　近一个月额度使用率 PSI 表

分组	基准时点分组样本数/个	基准时点分组样本占比/%	比较时点分组样本数/个	比较时点分组样本占比/%	群体稳定度指标 PSI
近一个月的额度使用率≤0.30%	41 938	5.05	49 114	6.54	0.003 9
近一个月的额度使用率≤0.50%	41 539	5.00	46 440	6.19	0.002 5
近一个月的额度使用率≤0.80%	41 135	4.95	45 822	6.10	0.002 4
近一个月的额度使用率≤1.00%	41 486	5.03	45 196	6.02	0.001 8
近一个月的额度使用率≤1.40%	41 448	4.99	44 016	5.86	0.001 4
近一个月的额度使用率≤1.60%	40 954	4.93	41 848	5.57	0.000 8
近一个月的额度使用率≤2.10%	41 949	5.05	43 346	5.77	0.001 0
近一个月的额度使用率≤2.60%	41 374	4.98	39 019	5.20	0.000 1
近一个月的额度使用率≤3.20%	41 413	4.99	37 219	4.96	0.000 0
近一个月的额度使用率≤3.90%	41 687	5.02	35 849	4.78	0.000 1

续表

分组	基准时点分组样本数/个	基准时点分组样本占比/%	比较时点分组样本数/个	比较时点分组样本占比/%	群体稳定度指标 PSI
近一个月的额度使用率≤4.80%	41 568	5.01	35 270	4.70	0.000 2
近一个月的额度使用率≤6.00%	41 574	5.01	35 409	4.72	0.000 2
近一个月的额度使用率≤7.80%	41 345	4.98	35 647	4.75	0.000 1
近一个月的额度使用率≤10.20%	41 436	4.99	35 408	4.72	0.000 2
近一个月的额度使用率≤14.00%	41 535	5.00	34 999	4.66	0.000 2
近一个月的额度使用率≤20.60%	41 545	5.00	35 259	4.56	0.000 4
近一个月的额度使用率≤32.20%	41 500	5.00	32 516	4.33	0.001 0
近一个月的额度使用率≤51.80%	41 518	5.00	29 424	3.92	0.002 6
近一个月的额度使用率≤80.70%	41 506	5.00	26 512	3.53	0.005 1
近一个月的额度使用率>80.70%	41 512	5.00	23 417	3.12	0.008 9
合计	830 262	100.00	750 730	100.00	0.032 7

二、信息值（VOI）

信息值可以协助模型开发人员了解各变量对于目标事件的单一预测能力的高低，借以挑选出高预测能力的变量进行开发，信息值的公式如下。

公式二：信息值

$$\sum_{i=1}^{n}\left(\text{非目标样本百分比}-\text{目标样本百分比}\right)\times\ln\left(\frac{\text{非目标样本百分比}}{\text{目标样本百分比}}\right)$$

目标样本指实际发生目标事件的样本，非目标样本为实际未发生目标事件的样本。

信息值的判断标准为，当 VOI 小于 0.02 时，表示该变量对目标事件并无预测能力；当 VOI 介于 0.02～0.1 时，表示该变量对目标事件稍微有预测能力；当 VOI 介于 0.1～0.3 时，表示该变量对目标事件有部分预测能力；当 VOI 大于 0.3 时，表示该变量对于目标事件有较高的预测能力（见表 4-4）。

表 4-4 信息值与预测能力

VOI	预测能力
＜0.02	无预测能力（Unpredictive）
0.02（含）～0.1	弱预测能力（Weak）
0.1（含）～0.3	中预测能力（Medium）
＞0.3	强预测能力（Strong）

现用前述字段“近 1 个月额度使用率”来说明 VOI 的计算过程与预测能力。假设目标事件为未来 12 个月样本发生违约，则违约户即为目标样本，正常户为非目标样本。

将“近 1 个月额度使用率”20 个分组的各项数据详细整理成表（见表 4-5），按照信息值公式逐一计算各分组的信息值：

近 1 个月的额度使用率≤0.28%

$(5.10\% - 0.55\%) \times \ln(5.10\% / 0.55\%) = 0.10$

近 1 个月的额度使用率≤0.51%

$(5.05\% - 0.69\%) \times \ln(5.05\% / 0.69\%) = 0.09$

将 20 个分组的信息值加总可以发现，“近 1 个月的额度使用率”对于样本未来 12 个月是否发生违约具有显著的预测的能力，开发人员可依此来开发评分模型。

表 4-5　近一个月额度使用率的 VOI 表

分组	正常户/户	违约户/户	总户数/户	正常户百分比/%	违约户百分比/%	户数百分比/%	VOI
近一个月的额度使用率≤0.30%	41 888	50	41 938	5.10	0.55	5.05	0.10
近一个月的额度使用率≤0.50%	41 477	62	41 539	5.05	0.69	5.00	0.09
近一个月的额度使用率≤0.80%	41 077	58	41 135	5.00	0.64	4.95	0.09
近一个月的额度使用率≤1.00%	41 726	60	41 786	5.08	0.66	5.03	0.09
近一个月的额度使用率≤1.40%	41 385	63	41 448	5.04	0.70	4.99	0.09
近一个月的额度使用率≤1.60%	40 888	66	40 954	4.98	0.73	4.93	0.08
近一个月的额度使用率≤2.10%	41 867	82	41 949	5.10	0.91	5.05	0.07
近一个月的额度使用率≤2.60%	41 285	89	41 374	5.03	0.99	4.98	0.07
近一个月的额度使用率≤3.20%	41 318	95	41 413	5.03	1.05	4.99	0.06
近一个月的额度使用率≤3.90%	41 585	102	41 687	5.06	1.13	5.02	0.06
近一个月的额度使用率≤4.80%	41 469	99	41 568	5.05	1.10	5.01	0.06
近一个月的额度使用率≤6.00%	41 449	125	41 574	5.05	1.38	5.01	0.05
近一个月的额度使用率≤7.80%	41 214	131	41 345	5.02	1.45	4.98	0.04
近一个月的额度使用率≤10.20%	41 277	159	41 436	5.03	1.76	4.99	0.03
近一个月的额度使用率≤14.00%	41 324	211	41 535	5.03	2.34	5.00	0.02
近一个月的额度使用率≤20.60%	41 259	286	41 545	5.02	3.17	5.00	0.01
近一个月的额度使用率≤32.20%	40 977	523	41 500	4.99	5.79	5.00	0.00
近一个月的额度使用率≤51.80%	40 322	1 196	41 518	4.91	13.24	5.00	0.08
近一个月的额度使用率≤80.70%	39 268	2 238	41 506	4.78	24.78	5.00	0.33
近一个月的额度使用率>80.70%	38 175	3 337	41 512	4.65	36.95	5.00	0.67
合计	821 230	9 032	830 262	100.00	100.00	100.00	2.09

将 20 个分组的信息值加总发现，“近 1 个月的额度使用率”的 VOI 为 2.09，表示该变量对样本未来 12 个月是否发生违约具有显著的预测的能力，模型开发人员可用来开发模型。

三、相关系数（Correlation Coefficient）

长变量列表上列举的变量群中，有些变量间仅是月份数不同，例如，“近 3 个月循环信用使用率”与“近 6 个月循环信用使用率”，或是变量间仅是加工前后不同，例如，“近 3 个月的循环信用使用金额”与“近 3 个月的循环信用使用率”，对于目标事件的预测能力与趋势可能差异性不大，表示这些变量间有很大程度的关联性。

当评分模型变量间的相关性过高时，会产生共线性（Collinearity）的问题，导致模型的预测能力下降，甚至出现与预测结果相反且无法解释的现象。为避免变量间的高度相关削弱模型预测能力，开发人员会计算各变量间的相关系数，借以筛选最终的开发模型变量。

公式三：相关系数

$$\rho_{X,Y}=\frac{\mathrm{Cov}(X,Y)}{\sigma_X\sigma_Y}=\frac{\Sigma\left[\left(X-\overline{X}\right)\left(Y-\overline{Y}\right)\right]}{\sqrt{\Sigma\left(X-\overline{X}\right)^2\Sigma\left(Y-\overline{Y}\right)^2}}$$

相关系数值与对应的相关程度如表 4-6 所示。对于开发评分模型而言，如果相关系数超过 0.7，表示变量间的相关程度太高，必须进行筛选以免降低模型的预测能力。

表 4-6　相关系数与相关程度

相关系数（绝对值）	相关程度
$\rho=1$	完全相关
$0.7\leqslant\rho<1$	高度相关
$0.4\leqslant\rho<0.7$	中度相关
$0.1\leqslant\rho<0.4$	低度相关
$\rho<0.1$	微弱相关或无相关

四、变量筛选（Variables Selection）

长变量列表收集了所有模型开发前数据库中所能产出的变量，这些变量数量繁多且并非每一个变量都可用于开发模型，可借由每一个变量的PSI、VOI与相关系数，综合考虑稳定性、预测能力、变量间相关程度及业务认知后，进行变量的筛选。

一般而言，当变量的PSI小于0.1且VOI大于0.1，即表示该变量在不同的期间下具有相当的稳定度，对目标事件也有显著的预测能力，因此，会先保留该变量至短变量列表。当保留变量间的相关系数大于0.7时，就会根据业务经验挑选较为适合预测目标事件的变量进行后续的开发步骤。

第四节 粗略分类（Coarse Classing）

筛选后的变量会收集至短变量列表，针对保留下来的变量我们会进行粗略分类，观察原来细致分类的变量分组趋势是否需进一步合并。

粗略分类有下列几项原则供大家参考：

（1）变量上升或下降的趋势需与实务经验一致。

（2）单一变量应维持至多 8 个区间。

（3）各分组好坏对比值（G/B Index）至少需差距 15 以上。

（4）各分组需涵盖 2%以上的模型开发样本。

（5）各分组需至少有 30 笔发生目标事件的开发样本或开发样本至少占该组样本的 1%。

（6）将空白、缺值或其他特殊变量值合并至同一区间，统称为空集（Null Group）。

（7）一般 Null Group 分组好坏比需比整体低（好坏对比值接近 100B 或以上）。

第五节 范例

现用“近 1 个月额度使用率”的细致分类表，进一步说明变量的粗略分类步骤。

（1）因为近 1 个月的额度使用率≤4.78%的 11 个分组，其违约率均小于 0.30%，好坏比大于 400 且好坏对比值大于 400G，所以会将这 11 个分组合并为单一分组，计算结果如图 4-3 所示。

（2）近 1 个月额度使用率＞4.78%、≤10.21%的 3 个分组，因其违约率在 0.30%～0.38%，好坏比与好坏对比值较为相近，所以将此 3 个分组合并为一个新的分组，如图 4-4 所示。

（3）近 1 个月额度使用率＞10.21%、≤20.51%的两个分组，因为违约率、好坏比与好坏对比值和前后的分组都有显著的差距，因此，将这两个分组合并为新分组，如图 4-5 所示。

分组	正常户/户	违约户/户	总户/户	正常户百分比/%	违约户百分比/%	户数百分比/%	违约率/%	好坏比	好坏对比值
近一个月的额度使用率≤0.28%	41 888	50	41 938	5.10	0.55	5.05	0.12	838	924G
近一个月的额度使用率≤0.51%	41 477	62	41 539	5.05	0.69	5.00	0.15	669	736G
近一个月的额度使用率≤0.76%	41 077	58	41 135	5.00	0.64	4.95	0.14	708	779G
近一个月的额度使用率≤1.03%	41 726	60	41 786	5.08	0.66	5.03	0.14	695	765G
近一个月的额度使用率≤1.34%	41 385	63	41 448	5.04	0.70	4.99	0.15	657	722G
近一个月的额度使用率≤1.66%	40 888	66	40 954	4.98	0.73	4.93	0.16	620	681G
近一个月的额度使用率≤2.07%	41 867	82	41 949	5.10	0.91	5.05	0.20	511	562G
近一个月的额度使用率≤2.58%	41 285	89	41 374	5.03	0.99	4.98	0.22	464	510G
近一个月的额度使用率≤3.17%	41 318	95	41 413	5.03	1.05	4.99	0.23	435	478G
近一个月的额度使用率≤3.90%	41 585	102	41 687	5.06	1.13	5.02	0.24	408	448G
近一个月的额度使用率≤4.78%	41 469	99	41 568	5.05	1.10	5.01	0.24	419	461G

↓

分组	正常户/户	违约户/户	总户数/户	正常户百分比/%	违约户百分比/%	户数百分比/%	违约率/%	好坏比	好坏对比值
近一个月的额度使用率≤4.78%	455 965	826	456 791	55.52	9.15	55.02	0.18	552	607G

图4-3　近一个月额度使用率粗略分类步骤1

分组	正常户/户	违约户/户	总户数/户	正常户百分比/%	违约户百分比/%	户数百分比/%	违约率/%	好坏比	好坏对比值
近一个月的额度使用率≤6.00%	41 449	125	41 754	5.05	1.38	5.01	0.30	332	365G
近一个月的额度使用率≤7.73%	41 214	131	41 345	5.02	1.45	4.98	0.32	315	346G
近一个月的额度使用率≤10.21%	41 277	159	41 436	5.03	1.76	4.99	0.38	260	286G

↓

分组	正常户/户	违约户/户	总户数/户	正常户百分比/%	违约户百分比/%	户数百分比/%	违约率/%	好坏比	好坏对比值
近一个月的额度使用率≤10.21%	123 940	415	124 355	15.09	4.59	14.98	0.33	299	328G

图4-4　近一个月额度使用率粗略分类步骤2

分组	正常户/户	违约户/户	总户数/户	正常户百分比/%	违约户百分比/%	户数百分比/%	违约率/%	好坏比	好坏对比值
近一个月的额度使用率≤14.07%	41 324	211	41 535	5.03	2.34	5.00	0.51	196	215G
近一个月的额度使用率≤20.51%	41 259	286	41 545	5.02	3.17	5.00	0.69	144	159G

↓

分组	正常户/户	违约户/户	总户数/户	正常户百分比/%	违约户百分比/%	户数百分比/%	违约率/%	好坏比	好坏对比值
近一个月的额度使用率≤20.51%	82 583	497	83 080	10.06	5.50	10.01	0.60	166	183G

图4-5　近一个月额度使用率粗略分类步骤3

（4）将近 1 个月额度使用率的粗略分类结果整理于表 4-7 中，并逐一检视前述各项原则。

☑ 变量上升或下降的趋势需与实务认知一致。

☑ 单一变量应维持至多 8 个区间。

☑ 各分组好坏对比值至少需差距 15 以上。

☑ 各分组需涵盖 2%以上模型开发样本。

☑ 各分组需至少有 30 笔发生目标事件的开发样本或是此类开发样本占该群样本的 1%。

表 4-7　近一个月额度使用率的粗略分类结果

分组	正常户/户	违约户/户	总户数/户	正常户百分比/%	违约户百分比/%	户数百分比/%	违约率/%	好坏比	好坏对比值
近一个月的额度使用率≤4.78%	455 965	826	456 791	55.52	9.15	55.02	0.18	552	607G
近一个月的额度使用率≤10.21%	123 940	415	123 355	15.09	4.59	14.98	0.33	299	328G
近一个月的额度使用率≤20.51%	82 583	497	83 080	10.06	5.50	10.01	0.60	166	183G
近一个月的额度使用率≤32.18%	40 977	523	41 500	4.99	5.79	5.00	1.26	78	116B
近一个月的额度使用率≤51.81%	40 322	1 196	41 518	4.91	13.24	5.00	2.88	34	270B
近一个月的额度使用率≤80.69%	39 268	2 238	41 506	4.78	24.78	5.00	5.39	18	518B
近一个月的额度使用率>80.69%	38 175	3 337	41 512	4.65	36.95	5.00	8.04	11	795B
合计	821 230	9 032	830 262	100.00	100.00	100.00	1.09	91	

在粗略分类的过程中，由于分组合并的看法与理由较为主观，所以有时也会搭配前台征审人员的专家经验，并无强制性的规则，合并过程中也需将选择的规则与理由详细记录下来，作为文件化的内容及未来修改的依据（见图4-6）。

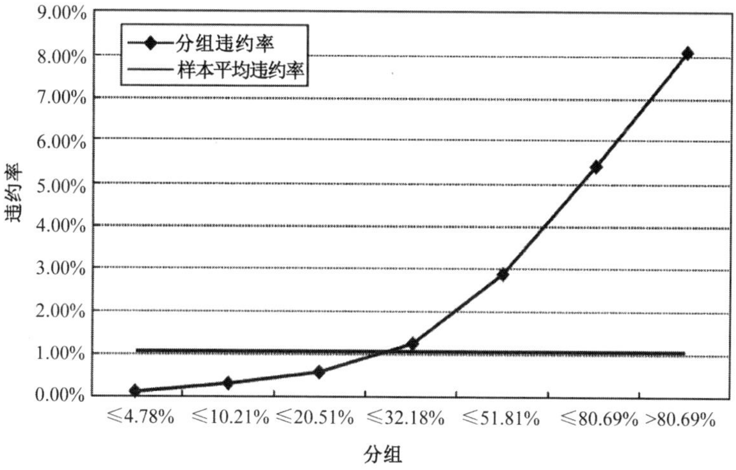

图4-6　粗略分类后的近一个月额度使用率分组与违约率趋势

第五章

模型建立方法讨论

建立模型可运用的方法非常多，如判别分析（Discriminant Analysis）、线性回归（Linear Regression）、逻辑回归（Logistic Regression）及分类树（Classification Trees）等统计方法；或是类神经网络（Neural Networks）、基因算法（Genetic Algorithms）及专家系统（Expert Systems）等非统计方法。

在实务运用上，选择线性回归或逻辑回归来建构评分模式，在模式实行上成本较低也较快速，是模型研发人员最常选用的方式。

回归分析始于 19 世纪末，学者高登（Gorden）发表了一项关于用父母身体特征去预测子女身体特征的研究成果。他在文献中首度使用“Regression”来表示父母身高对子女身高的影响效应，因此，利用一个或多个变量以预测另一变量的方法被称为“回归分析”。简而言之，就是用一个解释变量（Independent Variable，或称“自变量”）去描述或预测反应变量（Dependent Variable，或称“因变量”）所建立的回归模式，也称为“简单回归”（Simple Regression）；若用多个变量去预测一个反应变量，则所建立的回归模式称为“复回归”（Multiple Regression）。至于“逻辑回归”（Logistic Regression）则是为了利用多个解释变量去预测一个二元事件（如是/否、好/坏等）而建立的回归模型。

接下来就针对业界常用的线性回归或逻辑回归做进一步的介绍。

第一节　线性回归（Linear Regression）

一、模型设定

线性回归是研究单一因变量与一个或一个以上自变量之间的关系。线性回归适用于连续属性的模型配对，当只有一个自变量时，其回归模型为

$$E(Y \mid X = x) = \beta_0 + \beta_1 x$$

若自变量为 P 个，则可表示为

$$Y_i = \beta_0 + \beta_1 x_{i1} + \cdots + \beta_p x_{ip} + \varepsilon_i,\ i=1,\cdots,n$$

式中，Y_i 为因变量；x 为模型变量（自变量）；β_0 为截距项；β_i 为参数；ε_i 为残差项。

多项自变量与单一因变量的关系一般又被称为多元线性回归，一般线性回归需满足以下基本假设：

（1）自变量与应变量之间呈线性关系。

（2）残差项的期望值为 0。

（3）残差项的变异数是常数。

（4）观测值互相独立。

（5）残差项需服从常态分配。

二、变量选择

在回归分析与逻辑回归中，选取自变量时，最常使用的方式是逐步回归(Stepwise Multiple Regression)，其又分为 3 种：同时分析法(Simultaneous Multiple Regression)、逐步分析法（Stepwise Multiple Regression）及阶层分析法（Hierarchical Multiple Regression)。其中逐步分析法最常使用，包括如下 3 种。

1．顺向选择法（Forward Selection）

先从所有变量中，选择对模型贡献最大者进入回归方程式，然后，逐一选择第二个、第三个，甚至多个预测力较高的变量进入模型中，而进入的标准为是否具有最小 F 概率值，通常设值为 0.50，若自变量的 F 值小于此值，将被选取进入。

2．反向淘汰法（Backward Elimination）

此方法与顺向选择法相反，首先，选入所有的变量；其次，逐一删除对模型的贡献最小者；最后，选其他变量进入模型中。剔除的标准为是否具有最大 F 概率值，通常设值为 0.10，若自变量的 F 值大于此值，将被选取剔除。

3．逐步分析法（Stepwise Analysis）

逐步分析法是上述两项技术的综合。首先，模型中不包含任何预测变项，然后，采用顺向选择法，将对模型贡献最大的自变量挑选进入回归模式中。而在每一步骤中，已被纳入模型的自变量则必须再经过反向淘汰法的考验，以决定该变项是被淘汰还是被留下。逐步回归法 F 概率值的进入标准通常为 0.15，剔除标准也为 0.15。

三、模型表现

在运用线性回归分析做推论时，常用 T 检验、F 检验及 R^2 等来检验所产生的重要统计量是否具有统计上的显著水平，以此判断此回归式是否具有意义。

1．T 检验（T-test）

检验回归系数是否具有统计上的显著意义，T 检验统计量用来检验每一个系数是否为 0，若经由检验发现某个系数并不显著，也就是与 0 无显著差异，则需观察是否是资料本身的问题（如样本数不足），或是非线性关系等，若此变量对模型表现无贡献即可考虑将该变量剔除。

2．F 检验（F-test）

回归分析中，F 值是用来检验自变量集合与因变量之间是否具有显著关系。在此以 F 统计量来检验整个回归式是否具有意义，也就是检验回归式的所有系数是否均为 0，若均为 0，则所检验的回归式无法描述因变量的变化，有再予修正的必要。具体而言，F 检验系假设

$$H_0:\beta_1=\beta_2=\cdots=\beta_n=0$$

$$H_1:\beta_i\neq 0，\quad i=1,\cdots,n$$

$$F=\frac{\text{MSR}}{\text{MSE}}=\frac{\text{SSR}/p}{\text{SSE}/n-p-1},$$

式中，$\text{SSR}=\sum(\hat{Y}_i-\overline{Y})^2$，被称为“回归平方和”；

$\text{SSE}=\sum(Y_i-\hat{Y})^2$，被称为“误差平方和”；

n 为样本数，p 为自变量的数目；

$\hat{Y}_i$ 与 Y_i 分别为第 i 笔因变量的估计值与实际观测值，$\overline{Y}$ 为因变量的平均值。

如以 0.05 作为显著水平，若 F 值＞F (1−0.05; p; n−p−1)，则表示拒绝虚无假设 H_0，代表此回归式在统计上是具有意义的。

3．决定系数 R^2 及 Adjusted R^2

决定系数是用以说明所估计出来的回归式能够解释实际状况的程度，通常以判定系数 R^2 判断因变量与整体自变量的关系是否密切，也就是回归模式的解释能力是否充足。

$$R^2 = \frac{\text{SSR}}{\text{SST}} = 1 - \frac{\text{SSE}}{\text{SST}}$$

式中，$\text{SSR} = \sum(\hat{Y}_i - \overline{Y})^2$，$\text{SST} = \sum(Y_i - \overline{Y})^2$，$\text{SSE} = \sum(Y_i - \hat{Y})^2$，$\hat{Y}_i$ 为估计值，Y_i 为观测值。

因 0≤SSE≤SST，故 0≤R^2≤1。在回归分析中，若不考虑自由度，则自变量个数越多，R^2 会越接近 1。若 R^2 越接近 1。表示回归模型的解释能力越佳，然而增加的自变量或许是无关的变量，此时将会降低回归式的意义，因此，有学者提出调整自由度后的 $\overline{R}^2$，用以弥补上述缺点。

$$\overline{R}^2 = 1 - \frac{\text{SSE}/(T-p)}{\text{SST}/(T-1)}$$

第二节　逻辑回归（Logistic Regression）

一、模型设定

逻辑回归（Logistic Regression）与传统的回归分析性质相似，不过它是用来处理类别性数据问题的。

逻辑回归模型的因变量为二选一的属性变量，其出现的变量值为好与坏（包括违约/非违约事件、失败/成功等情况）的二选一可能事件。此方法具有易懂、非黑箱作业及能与概率结合等优点，因此，为开发评分卡最常使用的方法。

假设因变量为 Y，Y 值为 0 或 1，自变量为 $\boldsymbol{X}=(X_1, X_2, \cdots, X_k)$。

令

$\pi(x)=E(Y \mid X)=1\times P(Y=1 \mid X)+0\times P(Y=0 \mid X)=P(Y=1 \mid X)$，

则可将其逻辑回归模型表示如下：

$$\text{logit}(\pi)=\ln\left(\frac{\pi}{1-\pi}\right)=\alpha+\beta_1 x_1+\beta_2 x_2+\cdots+\beta_k x_k=\beta' X$$

式中，

$$\beta' = (\alpha, \beta_1, \beta_2, \cdots, \beta_k)\text{，}\quad X = \begin{bmatrix} X_1 \\ X_2 \\ \vdots \\ X_k \end{bmatrix}$$

$\pi = \pi(x)$ 为当 $\boldsymbol{X}$=($x_1, x_2, \cdots, x_k$)时，Y=1 的概率，而逻辑回归模型将此概率的 logit 转换设定为线性形态。将逻辑回归模型表示为成功概率 $\pi(x)$ 的形态，即为 $\pi(x) = \dfrac{e^{\beta' X}}{1+e^{\beta' X}}$。

二、参数估计

逻辑回归模型的参数是用最大概似法估计。每个观察值 y_i 皆为 0 或 1，因此，$y_i \sim \text{Bernoulli}(\pi), i = 1, \cdots, n$（此为白努利分配，$n$ 为样本数），其概似函数表示如下：

$$L = \prod_{i=1}^{n} \pi_i^{y_i}(1-\pi_i)^{1-y_i} = \prod_{i=1}^{n} \left(\frac{e^{\tilde{\beta' X}}}{1+e^{\tilde{\beta' X}}} \right)^{y_i} \left(1 - \frac{e^{\tilde{\beta' X}}}{1+e^{\tilde{\beta' X}}} \right)^{1-y_i}$$

$$\Rightarrow \ln L = l = \sum_{i=1}^{n} y_i \left(\frac{e^{\tilde{\beta' X}}}{1+e^{\tilde{\beta' X}}} \right) + \sum_{i=1}^{n} (1-y_i) \left(\frac{1}{1+e^{\tilde{\beta' X}}} \right)$$

在模型参数估计部分，将概似函数最大化以估计参数。

β'=($\beta_1, \beta_2, \cdots, \beta_k$)，因此，将上式分别对各参数微分且令其为零。然而，因微分后所得出的方程式为非线性方程式，因此，在运算上需利用反复迭代的算法来进行参数估计。

三、自变量的处理

在模型投入变量部分，不建议采用原始变量，因原始变量容易导致模型稳定性不佳。一般常见方法为采用每一变量分组后的 WOE 值，或每一变量分组的虚拟变量（Dummy Variable）。

（一）WOE 值

使用前阶段中每个变量分组后的 WOE 值来取代原本的变量值作为回归模型训练的投入，既可避免变量值中出现极端值（Outliers）的情形，又可减少模型过度配适（Overfitting）的现象（见表 5-1）。

表 5-1　利用 WOE 值取代原变量值

$$\text{logit}(p)=a+b_1x_1+b_2x_2+\cdots+b_nx_n$$

ID	G/B	Agc	OE-Age	Urat / %	WOE-Urate	…	#Inquiry L6M	WOE-#Inquiry L6
			x_1		x_2	…		x_n
A00	1	25	0.32	20	0.25	…	0	0.71
A002	0	37	0.43	50	0.67	…	1	0.05
A003	0	36	0.43	30	0.28	…	2	0.05
A004	1	43	0.62	10	0.17	…	1	0.05
…	…	…	…	…	…	…	…	…
A008	0	50	0.67	5	0.05		3	0.03

WOE 的计算方式如下：

$$\text{WOE}_i=\ln\left(\frac{\text{Distr}\quad\text{Good}_i}{\text{Distr}\quad\text{Bad}_i}\right)$$

式中，i 为特征变量分箱的组别；Distr Good 为各分组中好件占全体好件的比例；Distr Bad 为各分组中坏件占全体坏件的比例。

以表 5-1 为例，特征变量年纪（Age）的分箱群中，23～26 岁的分组的 WOE 值为

$$\text{WOE}_i = \ln\left(\frac{13.61\%}{28.13\%}\right) = -0.7261$$

由公式可看出，WOE 值代表各分箱内样本的好件对坏件的比率，换而言之，WOE 值表述该特征变量中各个属性（Attribute）的风险程度大小。WOE 值越高，代表该属性的风险程度越小；WOE 值越低，代表该属性的风险程度越大（见表 5-2）。

表 5-2　WOE 计算范例

年龄/岁	人数/人	占比/%	好件（Goods）	好件百分比/%	坏件（Bads）	坏件百分比/%	WOE
Missing	1 000	2.5	60	2.38	140	3.65	−0.427 2
18～22	4 000	10.0	3 040	8.41	960	25.00	−1.089 8
23～26	6 000	15.0	4 920	13.61	1 080	28.13	−0.726 1
27～29	9 000	22.5	8 100	22.40	900	23.44	−0.045 3
30～35	10 000	25.0	9 500	26.27	500	13.02	0.702 0
36～44	7 000	17.5	6 800	18.81	200	5.21	1.283 9
44+	3 000	7.5	2 940	8.13	60	1.56	1.649 3
合计	40 000	100	36 160	100	3 840	100	

（二）虚拟变量

另外，也可用每一个变量分组设置虚拟变量（Dummy Variable）。就逻辑回归来说，离散或名目尺度的变量，例如，性别、学历和婚姻状态等并不适宜。以区间尺度为例，每个数字代表不同层级，此时的数字没有任何显著意义，在这种情况下，就可使用虚拟变量的方法。举例来说，以表 5-3“教育程度”为例，此解释变量分为 5 个群组，含小学、初中、高中职、大专及研究生以上，其虚拟变量设计如表 5-3 所示。

一般来说，如果名目尺度的变量被分为 n 个群组，则需要设计 $n-1$ 个不同形式的虚拟变量，其中设定为基准的分组，也就是数值全为 0 的判定，通常会采用 Bad%接近全体者的分组。

表 5-3 利用虚拟变量值取代原变量值

变量及选项			变量编码			
			(1)	(2)	(3)	(4)
教育程度	国小	(1)	1	0	0	0
	国中	(2)	0	1	0	0
	高中职	(3)	0	0	1	0
	大专	(4)	0	0	0	1
	研究所以上	(5)	0	0	0	0

变量	#Good	%Good	#Bad	%Bad	Bda rate	WOE
A	500	41.7	100	16.7	0.20	0.92
B	300	25.0	200	33.3	0.67	−0.29
C	400	33.3	300	50.0	0.75	−0.41
Total	1200	100.0	600	100.0	0.50	

⇨

A	B	C
1	0	0
0	0	1

四、模型表现

利用算法所得的参数估计值，需检验参数是否具有其显著的效果。在大样本的条件下，检验$\begin{cases} H_0: \beta_j = 0 \\ H_1: \beta_j \neq 0 \end{cases}, j = 1, \cdots, k$，可使用 Wald 统计量$= \left(\dfrac{\hat{\beta}_j}{s.\text{e.}(\hat{\beta}_j)} \right)^2$，因其服从自由度为 1 的卡方分配，故在$\alpha$的显著水平下，当 Wald 统计量值大于$\chi^2_{\alpha,1}$，则表示该系数不为零。

在模型适合度检验部分，需在整个模型建立后对模型适合度进行检验，即检验

$$\begin{cases} H_0: \text{模型配适佳} \\ H_1: \text{模型配适不佳} \end{cases}$$

其检验统计量为$-2\log(L)$，是以概似函数为基础且服从卡方分配，自由度为$n-q$（其中，q为估计参数的个数）。在α的显著水平下，当$-2\log(L)$大于$\chi^2_{\alpha,n-q}$，则表示该模型配适不当。

第三节　两阶段式建立方法

一般在建立评分卡时，逻辑回归的因变量是 0 或 1，且无法使用连续型变量，因此，可考虑利用线性回归，将前阶段逻辑回归分析产生的残差值作为第二阶段的因变量。

采取二阶段回归，可选择将预测力较强的变量纳入后阶段线性回归模型，如此一来，评分模型比较不易被预测力高的变量独断而产生影响及偏颇。例如，在建立信用卡评分卡时，为避免模型过分依赖联征变量，可在第一阶段将逻辑回归纳入行内变量进行分析，联征变量则在第二阶段加入。

两阶段式回归建立步骤如下：

（1）模型建立：为使模型有较佳的精确性及稳定性，通常会将模型样本分为“开发－保留”两组数据集（Development & Hold-Out Sample），分别占整体样本的“30%～70%”，利用 70%的开发样本执行逐步回归。

（2）第一阶段回归——逻辑回归模型：若有变量其区间给分与其对应的好坏对比值（GB Index）出现矛盾，或与实际认知相斥，则需重新设计该变量区间或选择排除该变量，再重新执行回归动作。

（3）相关分析：检查选入变量的相关性，将所有变量进行相关系数分析，相关系数高于 0.85 的变量取 VOI 高者，以避免模型存在共线性的问题。

（4）重复执行步骤 2～步骤 3 的动作以寻找最佳模型。

（5）第二阶段回归：步骤 4 可得到第一阶段逻辑回归计算后的残差值，以此作为第二阶段线性回归的因变量。相似的回归分析过程也在第二阶段执行，重复执行步骤 2～步骤 5 以确保所挑选变量组合符合统计与实务经验，最后得出最终评分模型。

（6）模型检验：利用 30%的保留样本（Hold-out）与时间外样本（Out-of-time）分别进行效度检验，以确保模型的精确性及稳定性，若无法达到指定标准，则重复步骤 1～步骤 5。通常是以 Gini 值与 K-S 值来作为指定标准，一般而言，Gini 值达 40%、K-S 值达 30%，表示模型对好坏案件鉴别力强（Gini 值与 K-S 值的说明及模型验证详见第八章）。

（7）将最终评分模型所得的变量系数乘以 1 000 即可得到评分卡的分数。

第四节　初始模型讨论

针对评分卡建立流程，初始模型讨论主要针对前阶段各流程做细致介绍，并着重将初始模型纳入变量的讨论，此部分需各单位专业人员将实务经验与模型做结合，故该评分卡产品的上游至下游相关单位皆应派员参与讨论，如业务单位、营销单位、征审单位及政策单位等。

初始模型讨论的议程重点如下：

（1）简述评分卡目的与流程架构。

（2）样本区间说明。

（3）资料简介。

（4）评分卡的好坏定义介绍。

（5）评分卡开发过程简介。

（6）评分卡变量各区间临界点及权重讨论。

（7）评分卡修正。

后续模型开发人员根据会中提出的问题与建议执行模型修正分析，例如，变量更换与区间重新设计等，再于会后提出最终模型评分结果。

第五节　范例

针对样本进行模型建立，其步骤如下所示（见图 5-1）：

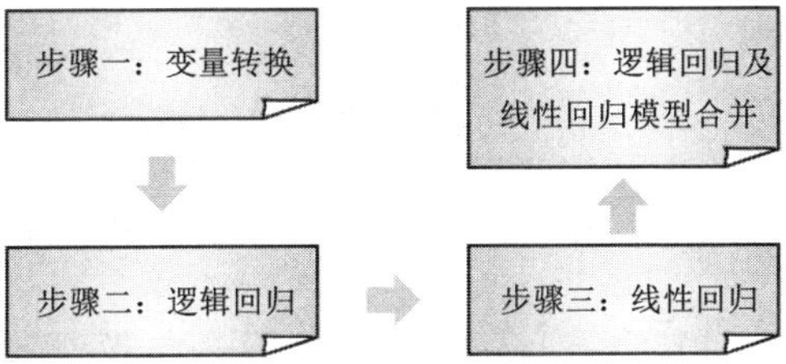

图 5-1　模型建立步骤

步骤一：变量转换

将变量转换为虚拟变量，以确保数据及模型的稳定性（见表 5-4）。

表 5-4　利用虚拟变量值取代原变量值

变量及选项			变量编码		
			（1）	（2）	（3）
变量1	1～2	（1）	0	0	0
	3～4	（2）	1	0	0
	5+	（3）	0	1	0
变量2	≤0	（1）	1	0	0
	1	（2）	0	0	0
	2+	（3）	0	1	0

续表

变量及选项			变量编码		
			（1）	（2）	（3）
变量3	1	（1）	0	0	0
	2	（2）	1	0	0
	3+	（3）	0	1	0
变量4	0	（1）	0	0	0
	1～2	（2）	1	0	0
	3+	（3）	0	1	0

步骤二：逻辑回归

利用虚拟变量套入逻辑回归模型的自变量中，即可得到第一阶段的模型（见表 5-5）。

表 5-5　逻辑回归产生模型

变量		分数/分	分数×1 000
常数项		0.994 8	995
变量 1	1～2	0.000 0	0
	3～4	0.000 0	0
	5+	−0.015 0	−15
变量 2	≤0	0.003 5	4
	1	0.000 0	0
	2+	−0.007 4	−7

步骤三：线性回归

以前阶段逻辑回归的残差为因变量，联征变量为自变量，进行线性回归分析（见表 5-6）。

表 5-6　线性回归产生模型

变量		分数/分	分数×1 000
常数项		0.013 86	14
变量 3（JCIC）	1	−0.006 1	−6
	2	−0.035 6	−36

续表

变量		分数/分	分数×1 000
变量 3（JCIC）	3+	−0.043 2	−43
变量 4（JCIC）	0	0.000 0	0
	1～2	−0.005 7	-6
	3+	−0.146 6	−147

步骤四：逻辑回归及线性回归模型合并（见表 5-7）

表 5-7　两阶段模型合并后的结果

变量		分数
常数项		1 009
变量 1	1～2	0
	3～4	0
	5+	−15
变量 2	≤0	4
	1	0
	2+	−7
变量 3（JCIC）	1	−6
	2	−36
	3+	−43
变量 4（JCIC）	0	0
	1～2	−6
	3+	−147

在反复的变量群组重置加入实务经验后，即可产生初始模型。接下来，应由模型人员及使用人员针对初始模型进行讨论。

第六章

拒绝推论（Reject Inference）的原因与方法

申请评分卡是用审核者的历史数据来建立模型，此模型会忽略原先被拒绝客户的影响力，使得模型略显乐观，因此，需通过拒绝推论来对模型进行修正，以使模型更加精确及稳定。

以图 6-1 为例，共有申请 9 000 件，其中接受 6 000 件，3 000 件被拒绝，拒绝推论就是要用各种方法来推估这 3 000 件被拒绝的案件中有多少是真实违约的，有多少是被误拒的。

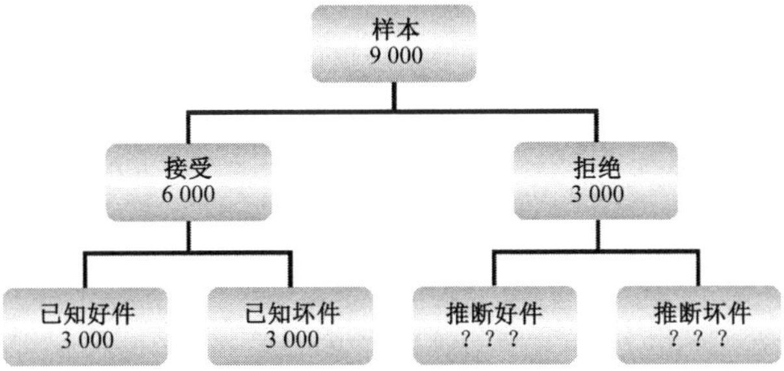

图 6-1　拒绝推论概念

第一节 拒绝推论的原因

所有模型开发建立皆是用已知数据来推测的，例如，使用已知的好/坏件为样本，利用过去的数据来推测好/坏件应有的表现，但对于申请评分卡而言，评分卡开发应是用来预测所有申请者的行为，而样本却仅是应用过去“已核准”的申请者来建模，此种状况会造成样本的偏误，也就是母体样本内未表达出被拒绝者的行为表现，因此，必须利用拒绝推论来推测这些未知的样本。

拒绝推论是推论过去被拒绝者并估计他们的行为，可能是一群坏客户被核准，也可能是一群好客户被拒绝，这种推论根据100%的核准率重新建立样本，使得评分卡开发程序更加完整且适当。

进行拒绝推论的原因主要是为了防止申请样本产生偏误，进而还原申请当时母体的真实分配情形，其他进行拒绝推论的原因如下。

（1）增加建模样本数量：此说法类似于防止样本偏误的原因。一般而言，建模样本只考虑核准件，占全体样本的比例太小，进行拒绝推论可增加建模样本占全体样本的比例，所建立的模型也更具代表性。

（2）公司内部政策的变动可能导致过去的申请者已不能代表未来的申请者；同样，过去拒绝不代表未来还会被拒绝，因此，若仅以核准件建立模型可能会造成误判。

（3）从做决策的角度来看，拒绝推论可以对所有申请客户做出更正确而真实的推测。举例来说，某家银行传统上核准评分卡分数大于或等于 500 分以上的客户，但觉得现行政策过于保守，想要改为核准 450 分以上的客户，如果此银行从未核准过 500 分以下的客户，就无法得知此举会增加多少风险。而拒绝推论则允许估算没有被核准过案件的核销率，并能帮助银行做出决策。

（4）用拒绝推论还可能找出过去被拒绝的好客户，发掘这些客户，进而改善内部流程，并找出可增加的利益。

当然，拒绝推论也有其适合使用的时机，举例如下。

（1）高核准率且对判断的信心很强时，不适用。此时因核准率过高，且对决策有高度的信心，因此，可以假设被拒绝的人均为坏人。

（2）高核准率，不管核销率如何，不适用。高核销率，因为高核准率的母体已经接近所有申请件，代表此时母群体大多无核销，不管有没有做拒绝推论影响都不大。低核销率，同理如上，此时可做“被拒绝的都是坏人”的推论。

（3）中低核准率适用。配合适当的风险策略，拒绝推论可以协助其找到更适合的客户。

加入拒绝推论后，申请模型的建立流程如图 6-2 所示：

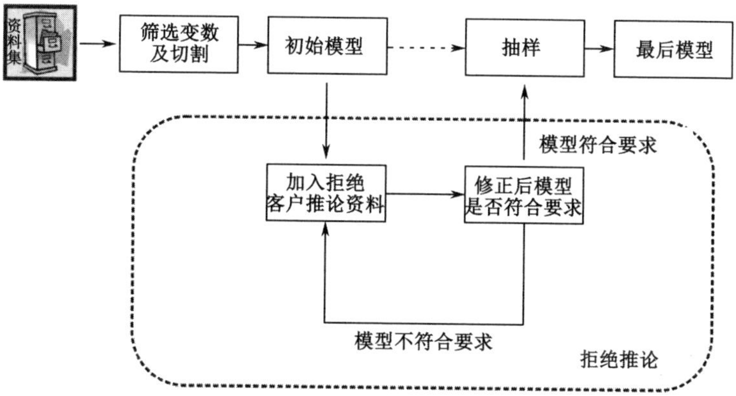

图 6-2　拒绝推论流程

第二节　拒绝推论的方法

拒绝推论的方法有很多种，以下仅列出 9 种方法做初步的介绍。

一、所有的拒绝件皆为坏件

此方法较不恰当，因为在拒绝数据中某部分可能是好客户，可能因此而降低模型的精确性。当然，如果在很高的核准率下，例如，95%以上，且征审有很高的判断能力，在一定可靠程度下，就可以假设所有拒绝件皆为坏件。

二、指派拒绝客户依现行和核准件好坏比做推论

此法假设现行判断系统是非常公正没有偏误的。但假设这样的比例并无任何帮助，需要加以相关的计算与模拟才能相得益彰。

三、忽略所有拒绝的客户

此方法是假设没有这些拒绝客户的存在，顺便也把低于切分点的客户一律拒绝，其步骤如下：

（1）利用所有核准件建立评分模型。

（2）再次评分，将低于切分点的人全部视为拒绝件。

但此方法只是事后评论现行系统，与现行系统或征审流程毫无关系，一般并不使用此方法。

四、核准所有的申请件

此方法是找出拒绝客户的真正的表现，这样会与某段特定时间核准客户有关联，由此可得知样本真正核准的客户表现，这种方法是最实际且科学的方法，不会有太保守或过多的核销率。

举例来说，假设建立一个模型需要 2 000 个坏人，有 1 500 名是来自核准客户，500 名是来自应被拒绝的客户，而这些客户约有 25%是坏人，此时需要有 2 000 个临界点之下的客户，其选择方法有三。

（1）在某一特定期间内，核准所有的申请件，直到搜集到 2 000 个客户为止，如图 6-3 所示。

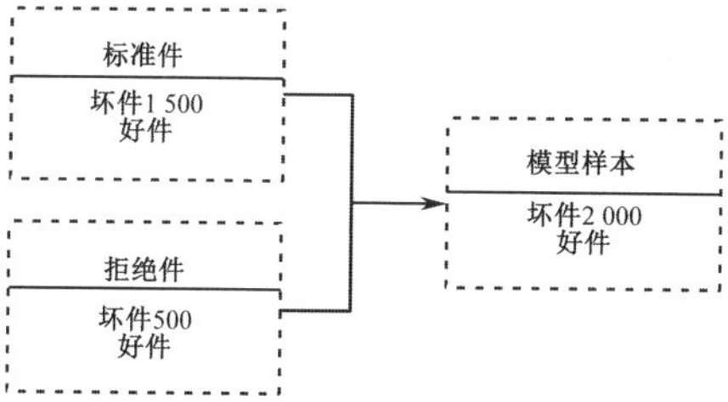

图 6-3　拒绝推论——核准所有的申请件

（2）在某一特定期间内，核准所有高于原始模型临界点的申请件，但随机核准低于临界点的，直到人数符合所需样本数。

（3）在某一特定时间内，核准原有模型临界点上下 10～20 分的申请件，但随机核准此核准点区间的客户。

若有够多的客户，建议收集跨几个月的资料，以避免受到季节变化的影响。另外，一种损失较低的做法是：核准给临界点以下的客户较低的额度。此方法可能需要克服法律规定，因为核准某些但拒绝其他相同特性的客户，或是随机核准申请可能会产生客诉等问题。此方法虽较为实际且科学，但也是较费时的做法。

五、以内部或行外数据为基础的方法

（一）两张评分卡交互运用

此方法是针对在某一产品被拒绝而在另一类似产品却被核准的客户，用内部数据来分析其行为表现。如被信贷申请评分卡拒绝的客户，该客户也是本行信用卡客户，则可用信用卡评分卡做评分，观察该拒绝户的表现。

（二）利用行外数据

本行所拒绝的客户而其他公司却核准的客户，可利用其在他行的外部数据来追踪该客户的行为表现。

此方法接近真正的表现，但仍有其缺点存在。例如，同一公司的两张评分卡，此卡只能改善某一张卡的表现，但实际核销仍会发生，对于行内的资产质量并无改善。另外，在管理方面的障碍是无法取得被拒绝客户的信用评分记录，除了权限或时间上的限制外，还有一个资法因素，让银行不一定能收集或买到该客户的相关资料。

假设需要将数据拿来做行内的交叉利用，要注意以下几点：

（1）需要相同的时间起讫点，以避免因时间的不同而造成季节偏误。

（2）好坏的定义要接近。

（3）样本数不会太多：因为坏客户申请同一家行库的产品，可能在申请第二张评分卡时被拒绝。

六、分配法（Parceling）

此法是按照每一个区间的好坏比例重新分配好坏件，并将拒绝件分配到每一个分数级距中，其包含以下步骤：

（1）使用已知的好/坏件样本，建立初步评分卡模型。

（2）使用第一阶段模型来评价所有的拒绝件，并且估算它们的预期违约概率。

（3）将已知的好/坏件样本按照评分分数高低进行分组，计算各分组内的实际违约率。

（4）同样，将拒绝件按照前步骤的分数进行分组。以各分组的实际违约率作为抽样比例，随机抽取该分组下的拒绝件，并指定其为坏件，其余则为好件。

（5）将这些已推论为好/坏件的拒绝件样本新增到原有的核准件样本中，并且重新建立评分卡模型。

举例来说，表 6-1 是核准及拒绝件在评分卡分数的分配，其中拒绝件是利用核准件的评分卡来判断其分数分配，至于拒绝件的好坏分配，则是利用核准件的 Bad%及 Good%去分配，例如，在 753～850 中有 605 件被拒绝，其在核准件的 Bad%＝10.6%，因此，会有 64 件拒绝件被分配至坏件（605×10.6%），而好件则为 541 件（605×89.4%）。

表 6-1　拒绝推论分配法

分数/分	接受				拒绝		
	坏件	好件	坏件率/%	好件率/%	拒绝	拒绝坏件	拒绝好件
≤650	1 724	692	71.4	28.6	595	425	170
651～742	635	1 610	28.3	71.7	729	206	523
743～752	33	209	13.6	86.4	56	8	48
753～850	373	3 153	10.6	89.4	605	64	541
851～893	96	921	9.4	90.6	151	14	137
894～964	1 154	19 678	5.5	94.5	375	76	299
965～972	223	11 158	2.0	98.0	73	7	66
973～979	304	5 403	5.3	94.7	41	13	28
980～998	475	51 190	0.9	99.1	56	9	47
>999	858	57 192	1.5	98.5	139	17	122

七、硬性截断法（Hard Cutoff）

硬性截断法又称单纯扩张法（Simple Augmentation），其方法类似 Parceling 法，但是 Hard Cutoff 是将所有拒绝件按照给定分数分配到坏件或好件，而 Parceling 法则是在不同分数区间内，按照不同比例，分配拒绝件到每一个分数级距里。Hard Cutoff 法步骤如下：

（1）使用已知的好/坏件样本建立评分卡模型。

（2）使用评分模型来为所有拒绝件评分，并建立预期核销率 P（Bad）。

（3）设定一个核销水平区分好坏件，在此核销水平以上视为坏件，以下视为好件。

（4）将推论拒绝件的好坏重新置于模型中并建立评分卡模型。

举例来说，此方法为模拟申请时核准拒绝比例来对样本的拒绝件做适度的加权。以图 6-4 为例，申请母体的核准件与拒绝件分配的比例分别为 70%与 30%，建模样本核准件与拒绝件分配的比例为 66.6%与 33.3%，则可推测建模样本拒绝比例稍高，需要用母体比例来加权调整，因此，可调整拒绝件的比重为（66.6% / 33.3%）/（70%/30%）＝0.8574。

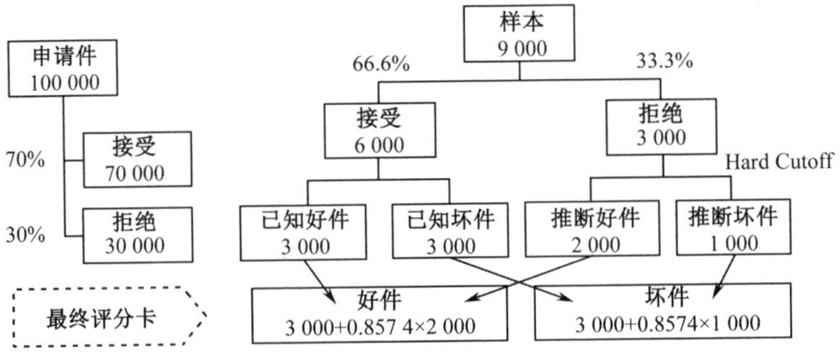

图 6-4　拒绝推论——Hard Cutoff

八、模糊法（Fuzzy）

模糊法不是指定样本为好/坏件，而是将每个拒绝件样本拆为部分的坏件与好件。模糊法步骤如下：

（1）用已知核准件样本的模型来对拒绝件评分并估算违约概率。

（2）按照估算的违约率对每一个拒绝件算出 P (Good) 及 P (Bad)。

（3）将被拒绝件样本分为好件及坏件两样本。将坏件加权上估计的违约概率，好件则加权上非违约件的概率。

（4）将拒绝件与核准件的样本结合，重新建立评分卡模型。

九、迭代再分类法（Iterative Reclassification）

此法类似 Hard Cutoff，但此方法是重复分组直到某一临界值为止。此方法步骤如下：

（1）根据核准案件建立评分卡。

（2）用现有的模型对拒绝客户加以评分。评分后用每个区间的好坏比做拒绝客户的好坏比，并随机给定好件或坏件。

（3）给定后合并核准件，重新建立模型，直到指定的统计量收敛为止，比如，可用 ln（Odds）vs．score 的散布图，或用模型的参数达到一定的收敛区间等。

（4）若使用好坏比与模型的图标法，需要注意所有的线都要在已知的好坏比线下，否则，会有拒绝客户比核准客户质量好的问题出现。

第七章

最终模型选择与风险校准（Calibration）

在前面的章节里，根据特征变量分析及二阶段回归模型等方式所衍生出来的模型回归式，是评分卡及违约概率（Probability of Default，PD）模型最重要的架构，从此架构可以分别发展出：①申请或行为评分卡。②用于资本计提的 PD 模型，如表 7-1 所示。

表 7-1　评分卡及 PD 模型

评分卡					
变量	属性				
变量 1	<25	26～30	31～35	>36	null
	6	10	18	0	14
变量 2	0	1			
	0	13			
变量 3	1～2	3～4	5+		
	20	0	33		
变量 4	≤0	1	2～高		
	0	0	15		
变量 5	0	1～2	3～高		

续表

<table>
<tr><td colspan="6">评分卡</td></tr>
<tr><td>变量</td><td colspan="5">属性</td></tr>
<tr><td>变量 5</td><td>25</td><td>5</td><td>0</td><td></td><td></td></tr>
<tr><td colspan="6">PD 模型</td></tr>
<tr><td>评分</td><td colspan="3">分数/分</td><td colspan="2">PD/%</td></tr>
<tr><td>1</td><td colspan="3">0～100</td><td colspan="2">15.57</td></tr>
<tr><td>2</td><td colspan="3">100～200</td><td colspan="2">13.46</td></tr>
<tr><td>3</td><td colspan="3">200～250</td><td colspan="2">10.89</td></tr>
<tr><td>4</td><td colspan="3">250～300</td><td colspan="2">8.25</td></tr>
<tr><td>5</td><td colspan="3">300～350</td><td colspan="2">5.12</td></tr>
<tr><td>6</td><td colspan="3">350～400</td><td colspan="2">3.20</td></tr>
<tr><td>7</td><td colspan="3">450～500</td><td colspan="2">1.05</td></tr>
<tr><td>8</td><td colspan="3">500～550</td><td colspan="2">0.53</td></tr>
<tr><td>9</td><td colspan="3">550～600</td><td colspan="2">0.12</td></tr>
<tr><td>10</td><td colspan="3">600+</td><td colspan="2">0.03</td></tr>
</table>

第一节　最终模型产出

最终模型产出是回归式，其模型在评分卡的运用上较不好解释，因此，必须将变量转换为分数以利于业务上的运用。在前面的章节中已指出，变量的转换可选择利用虚拟变量（Dummy Variable）或 WOE 值来取代，其中虚拟变量可单纯地将各变量群组乘以 1 000 来表达各变量群组的权重；而 WOE 值则需套用较复杂的转换，因此，必须运用评分卡尺度技术将评分卡系数转换为便于解读的权重。

1．平均分数为 200 分，每隔 20 分好坏比（Odds）加倍

Odds 指的是好坏件（Good/Bad）的比值，也就是每隔 20 分，好件与坏件的比例会加倍，因此，可以根据此分数区间规划合理的风险区，以进行差异化管理。

2．分数尺度

（1）基本上我们建立的评分卡规则是可加成的规则，因此，调整后的分数根据以上的假设必须是单纯的线性方程式：

$$\text{Score}=A+B\times\ln(\text{Odds}) \tag{7-1}$$

由于假设平均分数 600 分，每隔 20 分 Odds 加倍，因此，可以将此假设代入式（7-1）中，得到以下方程：

$$\text{Score}+\text{PDO}=A+B\times\ln(2\text{Odds}) \tag{7-2}$$

式中，PDO 为 Point of Double Odds，表示每隔多少分 Odds 加倍。

将式（7-2）减式（7-1），分数互相抵消，可以得到以下方程：

$$\text{PDO}=B\times\ln(2\text{Odds})-B\times\ln(\text{Odds})=B\times\ln(2) \tag{7-3}$$

$$B=\text{PDO}/\ln(2) \tag{7-4}$$

此时就可以根据 PDO 的假设计算 B 值，同时将 B 值代入方程式，即可计算 A 值：

$$A=\text{Score}-B\times\ln(\text{Odds}) \tag{7-5}$$

式中，Score 为平均分数，Odds 则以建立模型时的平均水平代入。

例如，Base Scone 为 600，Base Odds 为 50，而 PDO 为 20 时，则 B=20/ln(2)=28.9；而 A=600−B×ln(50)=487.1，好坏比与分数的转换式为

Score=487.1+28.9×ln(Odds)

评分尺度范例如图 7-1 所示。

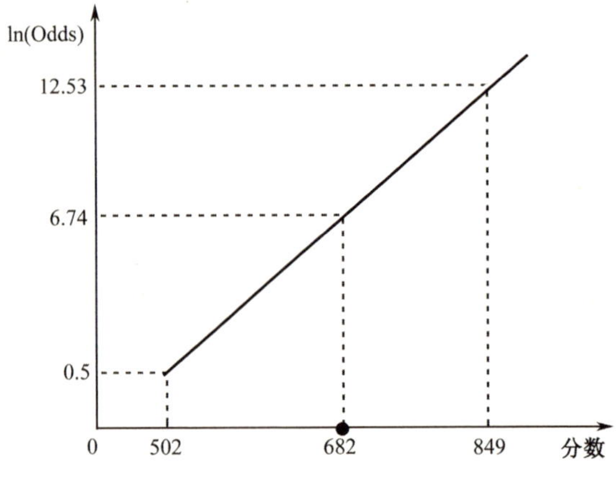

图 7-1　评分尺度范例

（2）根据逻辑回归方程式，Odds 等于各变量的 WOE_i 及回归方程式系数(β_i)与常数项(α)之组合，根据方程式计算，可以得到以下分数尺度公式：

$$
\begin{aligned}
\text{Score} &= A + B\times\ln(\text{Odds}) \\
&= A + B\times\left((\sum_{i=1}^{n} x_i\beta_i)+\alpha\right) \\
&= A + B\times\sum_{i=1}^{n}(x_i\beta_i+\frac{\alpha}{n}) \\
&= \sum_{i=1}^{n} -(\text{WOE}_i\times\beta_i+\frac{\alpha}{n})\times B+\frac{A}{n}
\end{aligned}
\tag{7-6}
$$

式中，WOE_i 为该变量值在分组中的 WOE 值，n 为模型回归式里的变量数量。

最终模型产出表如表 7-2 所示。

表 7-2　最终模型产出表

变量（i）	选项	WOE	系数（β_i）	分数/分
变量 1	0～1	102.061 4	−0.006 691	38.80
	2～4	26.932 7	−0.006 691	24.30
	5～7	−29.799 4	−0.006 691	13.40
	8～10	−70.438 6	−0.006 691	5.50
	≥11	−117.438 9	−0.006 691	-3.60
变量 2	1	−30.036 3	−0.005 926	14.00
	0	44.7308	−0.005 926	26.80
变量 3	<10	−86.707 7	−0.006 848	2.00
	11～20	−34.051 4	−0.006 848	12.40
	21～30	−7.378 8	−0.006 848	17.70
	31～60	42.626 9	−0.006 848	27.50
	61～96	89.000 0	−0.006 848	36.70
	≥97	23.061 2	−0.006 848	23.70

续表

变量（i）	选项	WOE	系数（β_i）	分数/分
变量 4	<20%	−77.170 7	−0.004 882	8.20
	21%～50%	−8.950 9	−0.004 882	17.90
	51%～70%	45.337 4	−0.004 882	25.50
	71%～90%	74.265 8	−0.004 882	29.60
	≥90%	66.077 0	−0.004 882	28.40
变量 5	0	53.637 1	−0.004 271	25.70
	1～99	−1.662 9	−0.004 271	18.90
	100	−55.562 6	−0.004 271	12.30
	101～200	−72.8126	−0.004 271	10.10
	≥201	−144.737 5	−0.004 271	1.30

此方程式的目的如下：

（1）便于建立过程中各个版本评分卡互相比较。

（2）便于使用者解读。

（3）便于监理机关进行信息揭露，同时与违约概率整合。

第二节　设定风险校准（Risk Calibration）

一、不同评分卡的分数调校

若同一产品因其不同特性切分为数个评分卡，如信用卡评分卡分为全清户评分卡与循环户评分卡，如此一来，两张评分卡的模型基础可能处于不同水平上，例如，全清户的400分与循环户的600分，难以比较哪个分数较高，于是必须设定风险校准（Risk Calibration）来转换各分组的评分。

在好坏表现定义于不同分组间相同的前提下，风险校准采用同等好坏比来转换各分组评分分数，使得相同好坏比达到相同评分结果，且评分与好坏比应呈现正向相关。

评分模型风险校准过程如下：

（1）计算出各分组所有样本的最终模型评分。

（2）各分组样本分数由低到高排序。

（3）将排序后的样本切成 n 等分，可能是20等分、30等分及50等分等，再计算每一等分的好件数、坏件数、好坏比、ln(Odds)及平均分数。

（4）建立每种切等的平均分数及 ln(Odds)间的回归式，观察在哪种切等方式下，回归式会有最佳的解释能力，即有最高的决定系数（R-Square），并观察期望好坏比值相比于实际好坏比值是否相近。

（5）由上述回归式套入 Score＝$A+B\times\ln(\text{Odds})$，则可得到最后的校准函数，如 Base Score 为 400，PDO 为 40，则

最后分数＝400+40/ln (2) ×ln(Odds)

其中对数好坏比值 ln(Odds)是将平均分数及对数好坏比值间所建立的最佳回归式代入即可，然后利用各种统计软件包求得其最适模型。

（6）以校准分数为因变量，最终评分模型的变量为自变量进行回归分析，可得到最后各变量属性的系数，也是风险校准后评分卡（Calibrated Scorecard）的分数。日后评分卡变量使用及定期监控皆以 Calibrated Scorecard 为主。

以表 7-3 及表 7-4 为例，可以得到分组 30 的解释能力最佳（R^2 为 0.993 最高），则其校准函数如下所列：

最后分数＝400+40/ln（2）×（$-190.7+0.002\,x^2-0.25\,x^3+0.01\,x^4$）

表 7-3　观察每种分组平均分数与对数好坏比值关系，并建立回归式

分组	30组	50组	80组
平均分数与对数好坏比值关系	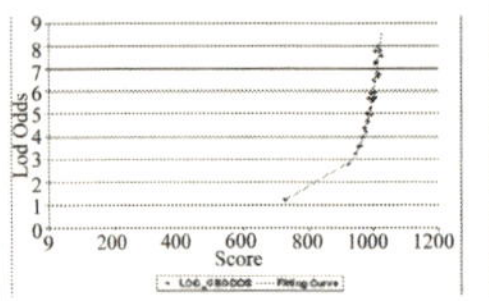	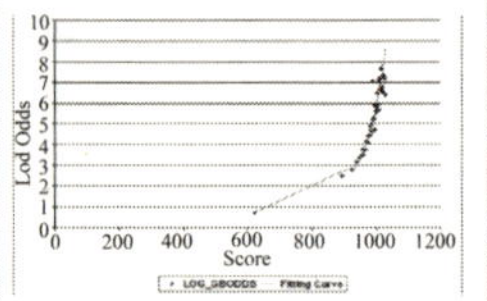	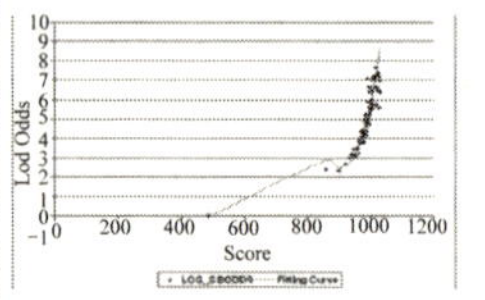
R^2	0.993	0.991	0.990
函数	y=-190.7+0.002x^2−0.25x^3+0.01x^4	y=−113.5+0.001x^2−0.17x^3+0.08x^4	y=−55.4+0.001x^2−0.18x^3+0.05x^4

注：其中y=ln(Odds)，x=core。

表 7-4　期望好坏比值（Expected Odds）与实际好坏比值（Actual Odds）比较

分数区间	期望好坏比值	30 组		50 组		80 组	
		好坏比值	占比/%	好坏比值	占比/%	好坏比值	占比/%
＜0540	＜8	0.58	0.91	0.56	0.89	0.43	0.83
0540～0580	16	13.59	6.69	15.98	6.51	16.64	7320

续表

分数区间	期望好坏比值	30组		50组		80组	
		好坏比值	占比/%	好坏比值	占比/%	好坏比值	占比/%
0580～0620	32	32.55	8.86	28.38	9.25	28.45	8.59
0620～0660	64	63.23	11.09	50.12	10.91	55.45	10.81
0660～0700	128	155.31	14.23	145.25	13.10	124.18	13.20
0700～0740	256	218.76	15.85	229.75	16.98	217.25	17.01
0740～0780	512	390.26	15.79	390.26	15.79	364.32	15.80
0780～0820	1 024	1 626.34	14.07	215 7.65	12.44	1 326.34	14.07
＞0820	＞2 048	1 736.14	12.51	140 1.16	14.14	1 736.14	12.51

二、风险等级的区隔

此外，为利于实务上的应用，应针对评分卡分数进行风险区隔，一般以不超过 20 等分为主，常用的切分方式有如下几种。

（一）好坏比法

将风险级距相近的切成同一等级，主要是将相同风险等级的族群分层管理，其差距约为双倍好坏比（Double Odds）。

（二）母体均分法

每个风险等级分配的人数相近，且每个级距的建模样本应有一定以上的数量。样本数太少的等级可与其他相邻等级合并，一般而言，发生在低分组与高分组的等级中。每一个切分完成的风险等级，其内含样本数至少要有全体建模样本的 3%～5%，才是足够的样本数量，如表 7-5 所示。

表 7-5 风险等级与母体均分范例

风险等级	好坏比法					母体均分法		
	分数区间		母体占比/%	好坏比	坏件率/%	分数区间		母体占比/%
1	低	100	0.50	0.32	15.57	低	100	4.98
2	101	200	0.51	3.69	13.46	101	200	5.04
3	201	300	1.02	7.43	10.89	201	300	4.98
4	301	400	2.99	13.69	8.25	301	400	5.00
5	401	500	3.03	25.03	5.12	401	500	4.95
6	501	600	4.39	37.55	3.20	501	600	5.04
7	601	700	7.69	79.87	1.05	601	700	4.99
8	701	800	3.96	147.93	0.53	701	800	5.02
9	801	900	6.48	251.40	0.12	801	900	5.03
10	901	高	9.85	583.63	0.03	901	高	5.00

第三节　模型验证

在信用评分卡的建立过程中，为了能够有效评估信用评分卡的预测能力及诊断能力是否需要进一步修正，必须通过以下模型验证来检视评分卡成效。

一、基尼系数（Gini Coefficient）

图 7-2 中向下弯曲的曲线即称为洛伦茨曲线（Lorenz's Curve），是用来评估评分卡鉴别效果的标准图表。其横轴是根据分数由高到低累计的正常客户占总正常客户的比例，而纵轴则是分数由高低累计的违约客户占总违约客户的比例。由于分数高者为低风险客户，累计违约比例的成长速度会低于累计正常客户，因此，洛伦茨曲线会呈现向下弯曲的趋势，在洛伦茨曲线图中，向右下突出的半月形面积除以 45° 线下方三角形面积的比值，被称为基尼系数（Gini Coefficient）。此项系数越大，鉴别力越高；系数越小，表示鉴别力越低。而 45° 线的含义则代表模型不具备区别能力（随机模型）。

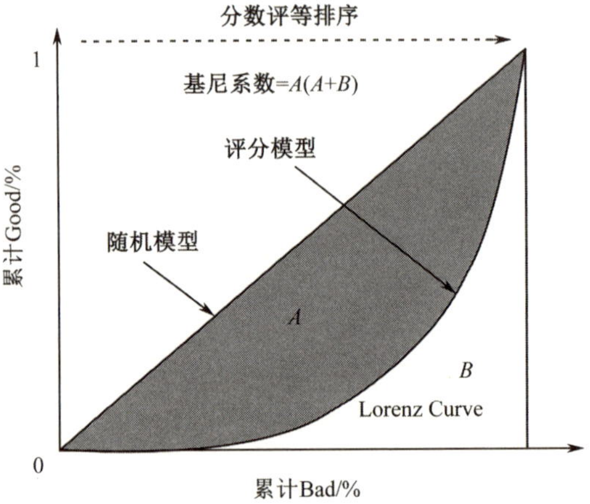

图 7-2　洛伦茨曲线（Lorenz's Curve）

二、Kolmogrov-Smirnov 值（以下简称 K-S 值）

洛伦茨曲线图主要用来评估评分卡总体预测力，而 K-S 测试图则用来评估在评分卡何种评分区间能够将正常客户与违约客户分开，K-S 值越高，则代表两者距离越大，因此，K-S 曲线出现的最大值就是鉴别正常户与违约户的最佳点。

累计各评分分数下的 K-S 值，就可完成 K-S 测试图，如图 7-3 所示。

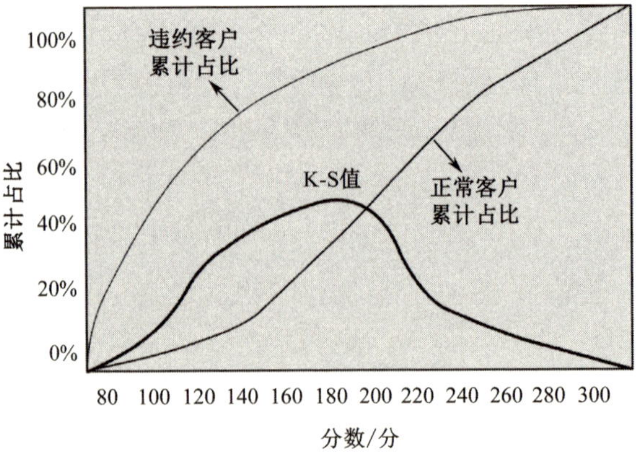

图 7-3　K-S 测试图

其横轴是评分卡分数，而图形中三条线分别是：分数由低到高累计的正常客户占总体正常客户的比率、分数由低到高累计的违约客户占总体违约客户的比率，以及正常客户减去违约客户的比率差值；其中概率差值这条线就是 K-S 值。

三、ROC 曲线上的面积（Area Under ROC Curve，AUC）

ROC 曲线是以在所有可能的截断点下，计算出来的对评分模型的误授率（型一误差率，误授率表示模型将违约客户误评为好客户，进行授信业务的比率）和 1-误拒率（型二误差率，误拒率表示模型将正常客户误评为坏客户，拒绝其授信业务的比率）的数量所绘制而成的。AUC 值是曲线下方的总面积，如图 7-4 所示。

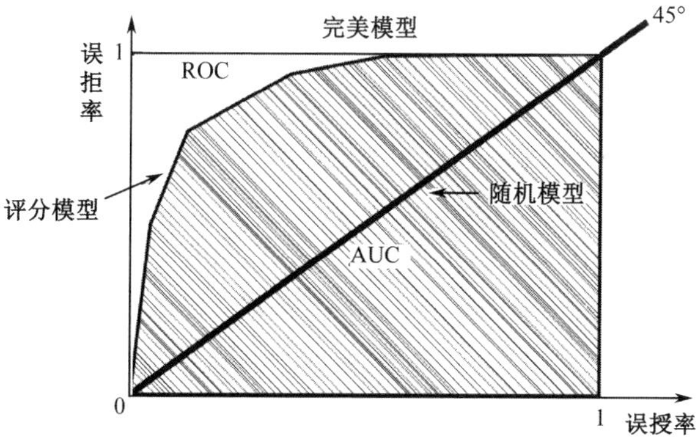

图 7-4 ROC 曲线下的面积

其中，Gini 与 AUC 的关系如下：

$$1/2\times Gini+50\%=AUC$$

以上 3 种模型鉴别力的判断准则如表 7-6 所示。

模型验证除对开发样本（Development Sample）做鉴别力检验外，也需针对保留样本（Holdout Sample）及样本外（Out Sample）做验证。

表 7-6　模型区别力判断指针

Gini 系数	K-S 值	AUC 值	模型的优劣程度
0%	<20%	=50%	无区辨能力
0%～40%	20%～30%	50%～70%	模型区辨能力极差
40%～60%	30%～50%	70%～80%	可接受的区辨能力
60%～80%	50%～75%	80%～90%	非常良好的区辨能力
80%～100%	>75%	90%～100%	可能有模型配适过度的疑虑

数据来源：Developing Intelligent Systems for Credit Scoring, Bart Baesens, 2003。

其中保留样本，顾名思义，是验证样本同时也是建模样本的一部分，我们随机抽取建模样本的一部分，作为样本内验证的验证样本。

样本外的验证是来自非建模样本的验证数据，按取样时期又可分为样本外（Out of Sample）验证样本和样本时间外（Out of Time）验证样本。样本外验证样本是取样时点与建模样本取样时点相同的验证样本，而样本时间外验证样本则是取样时点不包含与建模样本相同取样时点的验证样本。

1．开发样本及保留样本（Development & Hold-Out Sample）验证

其中开发样本占建模样本的 70%，保留样本占建模样本的 30%，以表 7-7 为例，开发样本及保留样本皆通过了 Gini 值及 K-S 值的鉴定，具有良好的好坏区辨能力。

表 7-7　开发样本及保留样本验证结果

	开发样本（70%）/%	保留样本（30%）/%
Gini	65	63
K-S	53	51

2．时间样本外（Out-of-Time Sample）的验证

为确保模型不会因为外在因素而产生无法适应的状况，也是为确保模

型不受时间的干扰。此数据集与原始的数据集仅时间点不同，其他的数据字段和定义仍与原来的数据相同。

与表 7-7 相较，表 7-8 的 Gini 值和 K-S 值稍有下降，但都在良好的好坏区辨能力范围内，表示此模型不受时间因素干扰，模型仍可维持其原有的鉴别力。

表 7-8 样本外验证结果

	样本外验证/%
Gini	61
K-S	48

此外，也可针对风险等级区分结果进行验证，分别针对开发样本、保留样本及样本外数据进行模型鉴别力验证，以确保此等级区分方式是有鉴别力的。如表 7-9 所示，此分级下的 Gini 值及 K-S 值表现都是良好的。

完整的验证方式可避免研究人员选样的偏差（Bias）或忽略某些重要的因素，导致模式在实际应用时产生落差，也可确保模型的稳定度及避免时间因素造成的影响等。

表 7-9　风险等级区分结果后验证

等级	开发样本				保留样本				样本外资料			
	累计好件占比/%	累计坏件占比/%	K-S/%	Gini/%	累计好件占比/%	累计坏件占比/%	K-S/%	Gini/%	累计好件占比/%	累计坏件占比/%	K-S/%	Gini/%
1	0.12	31.87	31.75	0.02	0.12	33.73	33.61	0.02	0.13	39.88	39.76	0.03
2	0.51	41.20	40.69	0.14	0.50	43.28	42.78	0.15	0.50	49.93	47.43	0.16
3	1.41	51.84	50.43	0.42	1.38	51.98	50.60	0.42	1.28	56.54	55.26	0.41
4	4.21	69.75	65.55	1.70	4.23	69.80	65.57	1.73	3.77	71.76	67.98	1.60
5	7.14	80.01	72.87	2.19	7.12	80.68	73.56	2.17	6.47	81.39	74.92	2.06
6	9.65	85.88	76.23	2.08	9.73	86.06	76.33	2.18	8.82	86.42	77.61	1.97
7	14.03	90.68	76.65	3.86	14.23	90.87	76.64	3.99	13.22	90.71	77.49	3.90
8	17.12	92.51	75.39	2.83	17.36	92.76	75.41	2.87	16.43	92.72	76.28	2.94
9	20.06	93.77	73.71	2.74	20.20	93.87	73.67	2.65	19.71	93.76	74.05	3.06
10	23.10	94.83	71.73	2.87	23.32	94.58	71.26	2.94	22.87	94.59	71.72	2.97
11	28.57	95.98	67.41	5.22	28.95	96.01	67.06	5.36	29.41	95.86	66.46	6.22
12	36.34	97.15	60.81	7.50	36.66	97.22	60.56	7.45	37.82	97.13	59.30	8.12
13	40.34	97.61	57.26	3.90	40.89	97.65	56.76	4.11	42.04	97.57	55.53	4.11
14	48.82	98.21	49.39	8.30	49.27	98.18	48.91	8.21	50.35	98.25	47.90	8.13
15	55.07	98.65	43.58	6.15	55.52	98.65	43.13	6.15	56.54	98.55	42.01	6.09
16	66.25	99.24	32.99	11.06	66.51	99.14	32.63	10.87	66.94	99.06	32.12	10.28
17	75.04	99.53	24.50	8.73	75.22	99.57	24.35	8.65	75.81	99.48	23.67	8.80
18	83.25	99.74	16.50	8.18	83.53	99.75	16.22	8.28	83.79	99.67	15.89	7.94
19	90.01	99.86	9.85	6.75	90.30	99.89	9.59	6.76	90.07	99.85	9.77	6.27
20	100.00	100.00	0.00	9.98	100.00	100.00	0.00	9.70	100.00	100.00	0.00	9.92
合计		KG=	76.65	89.28		KS=	76.64	89.33		KS=	77.61	90.00

第八章

决策点（Cut-off）设定

信用评分模型的目的是判断客户的风险程度高低，必须搭配适宜的决策点，方能导入业务应用方面。而各组织、单位及产品所能承受的风险程度并不相同，要求的报酬水平也不相同，因此，用信用评分模型作为核准依据时，需先设定预期策略目标（如核准率/核准数/好坏件比率/好坏件数等），并参考信用评分模型评分分布表，评估并拟定适当的信用策略方案，以执行征信审查等作业，达成业务目标。

以下各节将针对决策点的设定方式和信用评分模型作为准驳依据时的应用方式进行介绍，同时提供相关范例作为参考。

第一节　决策点策略设定方式

依据事先设定的策略目标（如核准率/核准数/好坏件比率/好坏件数等），并参考信用评分模型评分分布表，对预期目标（事先设定）与实际数据（由评分分布表取得）的评分等级，制订适当决策点。

常用的策略目标有以下四种。

一、好坏件比率（Good/Bad Odds）

此方式是以模型开发母体的好坏件比率为预期目标，并由评分分布表高评分等级往低评分等级方向移动核准决策点，而累计好坏件比率也随着核准决策点移动而降低，直到某一评分等级累计好坏件比率接近预期目标时便停止移动，此时评分等级便被设定为决策点。

若新开发的信用评分模型鉴别好坏客户能力较佳，则运用此模型所做的决策，在相同好坏件比率的目标下将会接受更多的客户，也会提高核准客户数。

二、核准率（Approval Rate）

此方式是以模型开发母体的核准率为预期目标，并由评分分布表高评分等级往低评分等级方向移动核准决策点，而累计核准率也随着核准决策点移动而增加，直到某一评分等级累计核准率接近预期目标时便停止移动，此时评分等级便被设定为决策点。

若新开发的信用评分模型鉴别好坏客户能力较佳，则运用此模型所做的决策，在相同核准率的目标下将会接受更多的好客户，同时拒绝更多的坏客户，也会提高好坏件比率（资产品质）。

三、核准件中好客户数（Good Accounts）

此方式是以模型开发母体的核准件中好客户数目为预期目标，并由评分分布表高评分等级往低评分等级方向移动核准决策点，而累计好客户数也随着核准决策点移动而增加，直到某一评分等级累计好客户数接近预期目标时便停止移动，此时评分等级便被设定为决策点。

若新开发的信用评分模型鉴别好坏客户能力较佳，则运用此模型所做决策，在相同的好客户数的目标下将会拒绝更多（原本会被接受的）的坏客户，也会提高核准件未来的好坏件比率（资产质量）。

四、核准件中坏客户数（Bad Accounts）

此方式是以模型开发母体的核准件中坏客户数目为预期目标，并由评分分布表高评分等级往低评分等级方向移动核准决策点，而累计坏客户数也随着核准决策点移动而增加，直到某一评分等级累计坏客户数接近预期目标时便停止移动，此时评分等级便被设定为决策点。

若新开发的信用评分模型鉴别好坏客户能力较佳，则运用此模型所做的决策，在相同坏客户数的目标下，将会接受更多（原本会被拒绝的）的好客户，也会提高核准件未来的好坏件比率（资产质量）。

第二节　核准点应用方式

信用评分模型应用于案件准驳决策时，有以下两种应用方式。

一、案件自动核准 / 拒绝

案件自动核准/拒绝方式是拟订决策点，若案件评分结果超过决策点，则系统建议自动核准；若案件评分结果低于决策点，则系统建议自动拒绝。此方式已广泛运用于日常业务中，且在组织相关单位信任时被采用。

二、部分案件移交征审人员（Referral）

部分案件移交征审人员的方式定义为两个决策点（核准点与拒绝点），若案件评分结果超过核准点，则系统建议自动核准；若案件评分结果低于拒绝点，则系统建议自动拒绝；落于核准点与拒绝点之间的不确定案件，则移交征审人员用经验法则或电话照会方式，做出最终决策。为避免对信用决策产生重大影响，此方式通常在评分模型导入系统初期时采用。

第三节　范例

某风险校准后评分模型（Calibrated Scorecard）的评分分布表如表 8-1 所示。

依据各项策略目标，制定决策点如下。

一、好坏件比率（Good/Bad Odds）

预期目标（栏 *e*）：核准件客户好坏件比率为 312.95（245 354/784）。

决策点策略（栏 *q*）：决策点为 638 时，好坏件比率为 313.42，接近目标值。

二、核准率（Approval Rate）

预期目标：核准率为 60.4%（核准案件 246 660/申请案件 408 658）。

决策点策略（栏 *r*）：决策点为 717 时，核准率为 60.0%，接近目标值。

三、核准件中好客户数（Good Accounts）

预期目标（栏 *a*）：核准件中好客户数为 245 354。

决策点策略（栏 *m*）：决策点为 717 时，好客户数为 244 560，接近目标值。

表 8-1　评等分布表

评分等级		核准件数					拒绝件数			申请案件				由高分向低分累计				决策点策略	
下限	上限	好客户（a）	坏客户（b）	未定客户（c）	小时（d=a+b+c）	好坏客户（e=a/b）	推测好客户（f）	推测坏客户(g)	小时（h=f+g）	好客户（i=a+f）	坏客户（j=h+g）	未定客户（k=c）	小时（l=i+j+k）	好客户（m）	坏客户（n）	未定客户（o）	小时（p=m+n+o）	好坏客户率（q=m+n）	核准率（r=p/l）/%
～	413	5	3	1	9	1.66	65	65	119	70	57	1	128	402 605	5 158	895	408 658	78.06	100.0
414	441	40	6	—	46	6.66	425	248	673	465	254	1	720	402 535	5 101	894	408 830	78.91	100.0
⋮																			
637	637	444	4	2	450	111.10	996	49	1 045	1 440	53	6	4 499	329 861	1 101	635	331 597	299.61	81.1
638	638	783	6	3	792	130.50	913	34	947	1 696	40	9	1 745	328 421	1 048	629	330 097	313.42	80.8
639	639	270	2	—	272	134.92	380	6	386	650	8	1	659	326 724	1 008	620	328 352	324.21	80.3
⋮																			
645	645	305	2	1	308	152.30	483	6	489	788	8	2	798	317 061	788	594	318 443	402.35	77.9
646	646	465	3	1	469	154.92	450	12	462	914	15	3	933	316 273	780	592	317 645	405.28	77.7
647	647	660	4	1	665	164.95	98	11	109	758	15	2	775	315 359	765	589	316 713	412.24	77.5
⋮																			
716	716	1 738	7	4	1 749	248.25	842	0	842	2 580	7	6	2 593	247 139	204	408	247 751	1 211.00	60.6
717	717	544	2	2	548	272.13	631	1	631	1 175	3	3	1 181	244 560	197	402	245 154	1 243.14	60.0
718	718	1 284	4	2	1 290	321.01	186	2	184	1 098	6	3	1 107	243 385	194	399	243 977	1 255.11	59.7
⋮																			
980	988	1 907	4	—	1 911	476.84	114	-	114	2 021	4	0	2 025	4 891	8	2	4 902	611.43	1.2
989	1 000	1 208	2	1	1 211	604.17	30	-	30	1 238	2	1	1 241	2 870	4	2	2 876	717.56	0.7
1001	～	1 573	2	1	1 576	786.42	59	-	59	1 632	2	1	1 635	1 632	2	1	1 635	816.11	0.4
总计		245 354	784	522	246 660	312 95	157 251	4 374	161.625	402 605	5 158	895	408 658	原始核准率（D/L）=60.4%					

四、核准件中坏客户数（Bad Accounts）

预期目标（栏 *b*）：核准件中坏客户数为 784。

决策点策略（栏 *n*）：决策点为 646 时，坏客户数为 780，接近目标值。

第九章

信用评分模型监控报告

信用评分模型在项目规格设计时间：①定义观察期间与表现期间，此两段期间均为过去的时间；②用各种统计方法与模型找出开发样本在观察期间的形态（Pattern）及其与表现期间结果之间的关系。接下来，若模型通过稳定度与鉴别度等模型开发阶段的验证，即可将模型建立在系统上，进行自动化的信用评分作业。

因此，持续有效的信用评分模型需建立在以下基本假设仍成立的状况下。

一、观察期间的稳定度

观察期间的稳定度是指过去开发样本与现行评分客户间呈现的稳定的形态。以图 9-1 为例，若以观察期间 1（观察至 2×10/01）和表现期间 1（截至 2×11/01）作为开发样本的期间；以观察期间 2（观察至 2×10/02）和表现期间 2（截至 2×11/02）作为现行评分客户的期间，就需要比较观察期间 1（开发样本）和观察期间 2（现行评分）的整体评分与评分变量的分布状况是否趋于一致，以避免出现现行评分客户与开发样本差异过大及群体稳定度降低，进而影响评分模型鉴别力的现象出现。

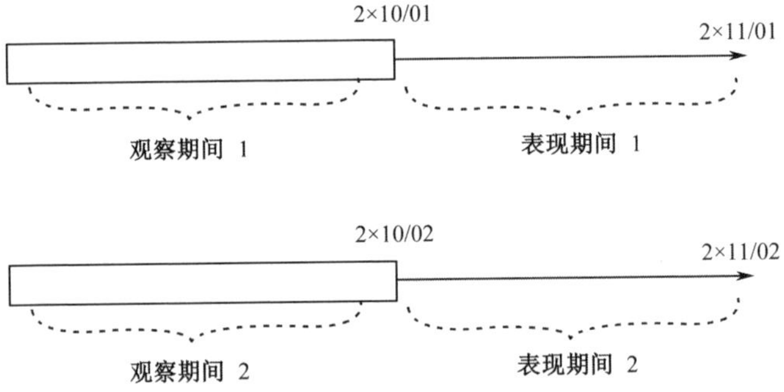

图 9-1　开发样本的选择期间

二、表现期间的鉴别度

现行评分客户经过一段表现期间后仍具鉴别力。接续以上范例，若以观察期间 2（观察至 2×10/02）和表现期间 2（截至 2×11/02）作为现行评分客户的期间，则需以客户 2×10/02 的整体评分与评分变量作为基础，并在 2×11/02 中分析是否具备评分/评分（预期风险）与表现（实际风险）相符状况，以确保评分模型仍具鉴别力。

然而，外部经济情势变化、同业间推出的各项商品服务与营销活动，以及公司内部经营策略的调整，均可能使信用评分模型接受的客户类别形态产生结构性转变，进而影响模型稳定度；即使是相同的客户类别形态也可能受到上述因素的影响，从而发生鉴别度不足的状况。

因此，信用评分模型的工作不是模型开发完成上线就结束，还要定期执行监控报告作业，并在出现异常状况时进行适当维护，以确保信用评分模型能持续有效地达成其“准确判断评分客户信用风险”的目的。

此监控作业包括：①确认数据输入与评分作业正确性。②征信审核人工否决评分结果（Override Score Result）分析。③营销活动表现分析。④信用评分模型的稳定度与鉴别度报告等工作。

首先，数据输入作业与信用评分系统设定是最常出错的地方。由于此项作业可能造成信用评分模型预测能力的下滑，也会直接影响到未来监控报告的正确性，因此，银行应有定期的稽核作业，以确保数据输入与申请数据保持一致，有利于早期发现并降低此类错误发生的概率。

其次，征信审核人工干预结果分析也可以提供宝贵的信息，协助并确保业务目标能顺利达成。例如，当报告呈现人工低分否决（Low-Side Override）的比率过高，同时这些人工干预评分案件的质量表现也不佳时，便可修改授信政策，促使征审人员在针对低分案件时进行较严谨的审核。

另外，营销活动的风险评估也可借由项目早期申请的信用评分结果加以衡量，做出实时且正确的修改动作以降低损失提升利润。例如，针对特定族群推出的营销活动，若申请时评分大部分落于低分组，且之后资产质量表现也不佳时，则需要采取紧缩的授信政策，以避免影响整体资产部位的质量；反之，若资产质量表现较佳时，也许可以考虑扩大营销活动的目标客群，以利于提升整体资产部位的质量。

根据以上各项分析信息，我们可将信用评分模型应用于业务执行上，协助判断其中哪个环节（如数据输入、征信审核、营销活动或信用评分模型本身）存在问题或机会，或哪里需要立即改善。

下文将针对观察期间的稳定度（前端监控报告）与表现期间的鉴别度（后端监控报告），分别呈现银行应监控的各项指标报告与建议的标杆值，同时也提供相关范例以供参考。

第一节　前端监控报告

前端监控报告的目的是观察申请客户（Through-The-Door）或近期客户的类型与信用评分模型的开发样本是否一致，并呈现稳定的形态。

前端监控报告可在信用评分模型系统上线后一个月开始执行，若申请客户或近期客户的数量足够多，可逐月执行前端监控报告；若数量不足，则应至少每季产出前端监控报告，以便于观察客户变化。若客户类型比率发生巨幅变动，应分析其原因（数据输入、征信审核及营销活动等），并提出改善方案，避免信用评分模型失去效能。

常见的前端监控报告有以下几种：

（1）评分分布表（Score Distribution Report，SDR）。

（2）群体稳定度指标（Population Stability Index，PSI）。

（3）变量稳定度分析（Characteristics Analysis）。

（4）人工否决分析（Override Stability Analysis，申请评分模型）。

（5）数据输入错误率分析（Error Rate of Data Entry）。

（6）产品大事记（Portfolio Chronology Log）。

下面将针对各分类进行详细介绍。

一、评分分布表（Score Distribution Report，SDR）

评分分布表是统计各个评分组别的评分客户数及其占全体户数的比率。以表 9-1 为例，就开发样本而言，在评分组别 500～549 中，其客户数占比为 11 503/779 402×10%＝1.48%。除列示开发样本时点数据外，评分分布表也会同时列示现行评分时点的数据，以比较不同时点客户评分分布的变化情况。以表 9-1 为例，现行评分客户（2×10/06）相较于开发样本（2×09/01）时点，即出现“高评分组别占比减少，且客户占比向低评分组别移动”的现象。

表 9-1 评分分布表

评分组别	开发样本（2×09/01）		现行评分客户（2×10/06）	
	户数（*a*）	占比（*b*=*a*/*A*）/%	户数（*c*）	占比（*d*=*c*/*C*）/%
低～499	6 007	0.77	7 233	0.78
500～549	11 503	1.48	23 434	2.53
550～599	25 210	3.23	45 698	4.93
600～649	47 132	6.05	88 513	9.56
650～699	127 566	16.37	246 972	26.67
700～749	178 988	22.96	172 753	18.65
750～799	147 776	18.96	125 151	13.51
800～849	130 506	16.74	116 254	12.55
850～899	89 480	11.48	85 552	9.24
900～高	15 234	1.95	14 564	1.57
合计	（*A*）779 402	100.00	（*C*）926 124	100.00

除利用评分分布表显示客户评分分布的变化情况外，还可以利用图 9-2 的评分分布图来呈现观察结果。图中显示现行评分客户（2×10/06）在评分组别 650～699 中占比最高（逾 25%），明显高于同一评分组别中开发样本（2×09/01）时点的占比。同时，评分组别低于 650～699 的客户也发生现行评分客户（2×10/06）占比高于开发样本（2×09/01）；而评分组别高于 650～699 的客户则出现现行评分客户（2×10/06）占比低于开发样本（2×09/01）的状况。此现象代表客户占比已由高评分组别转移至低评分组别，其发生

原因可参考后续介绍的变量稳定度分析与产品大事记等监控报告，来进行更详细的分析。

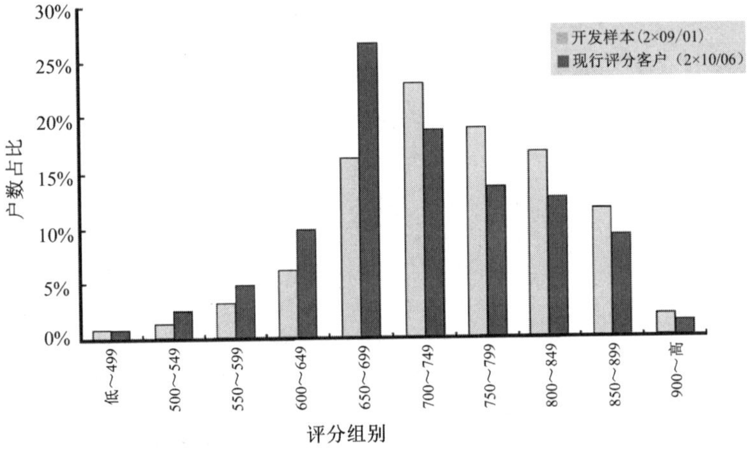

图 9-2　评分分布

二、群体稳定度指标（Population Stability Index，PSI）

群体稳定度指标（PSI）是用来衡量整体评分卡在开发样本时点与现行评分时点的客户占比的差异程度。PSI 指标越小，表示评分客户在两个时点的评分组别占比越稳定；PSI 指标越大，则表示评分客户在两个时点的评分组别占比差距越大，母体越不稳定。但 PSI 指针仅显示母体分布是否产生变动，无法了解母体往高分组组或低分组组移转，需搭配评分分布表才能判断变化方向（见表 9-2）。

表 9-2　群体稳定分析表

评分组别	开发样本（2×09/01）		现行评分客户（2×10/01）		占比差距（e=d-b/%）	占比权重 [f=ln（d/b）]	Index（g=e×f）
	户数（a）	占比（b=a/A）/%	户数（c）	占比（d=c/C)/%			
低～499	6 007	0.77	7 233	0.78	0.01	0.013 2	0.000 0
500～549	11 503	1.48	23 434	2.53	1.05	0.539 1	0.005 7
550～599	25 210	3.23	45 698	4.93	1.70	0.422 3	0.007 2

续表

评分组别	开发样本（2×09/01）		现行评分客户（2×10/01）		占比差距（e=d-b/%）	占比权重[f=ln（d/b）]	Index（g=e×f）
	户数（a）	占比（b=a/A）/%	户数（c）	占比（d=c/C）/%			
600～649	47 132	6.05	88 513	9.56	3.51	0.457 7	0.016 1
650～699	127 566	16.37	246 972	26.67	10.30	0.488 2	0.050 3
700～749	178 988	22.96	172 753	18.65	−4.31	−0.207 9	0.009
750～799	147 776	18.96	125 151	13.51	−5.45	−0.338 7	0.018 4
800～849	130 506	16.74	116 254	12.55	−4.19	−0.288 1	0.012 1
850～899	89 480	11.48	85 552	9.24	−2.24	−0.217 4	0.004 9
900～高	15 234	1.95	14 564	1.57	−0.38	−0.217 5	0.000 8
合计	（A）799 402	100.00	（C）926 124	100.00		PSI=0.124 4	

此外，稳定的母体可能受外部经济等因素影响，而发生鉴别度不足的状况，而缺乏稳定度的母体也不能表示评分模型一定丧失其鉴别力，但此时需要特别注意观察其变化。因此，观察群体稳定度指标时，需搭配评分模型鉴别力指针，才能做出适合的判断与行动方案。

PSI 衡量标准如下：

（1）PSI≤0.10：母体在两个时点间无明显的变化，需持续执行监控作业。

（2）0.10<PSI<0.25：母体在两时点间有部分变化，需密切观察变化是否扩大。

（3）PSI≥0.25：母体在两个时点间有显著的变化，需搭配鉴别度结果进行评分模型的调整。

PSI 公式如下：

$$\mathrm{PSI}=\sum_{i=1}^{\text{评分组别}}\text{占比差距}_i\times\text{占比权重}_i$$

式中，各评分组别的占比差距＝现行评分客户时点的客户占比－开发样本时点的客户占比；

占比权重＝ln（现行评分客户时点的客户占比/开发样本时点的客户占比）。

除产出当月群体稳定度指标外，也可将各月份执行监控的 PSI 绘图表示，以便了解趋势变化情况。如图 9-3 所示，PSI 在评分模型导入初期（2×09/02~08）维持在 0.1 以下，自 2×09/09 起超过 0.1，于 2×09/10 达到高峰，但尚未超越需调整评分模型 PSI≥0.25 的衡量标准，然后，随着时间演进上下起伏，并介于 0.1～0.25 之间，需密切观察母体是否趋于稳定。

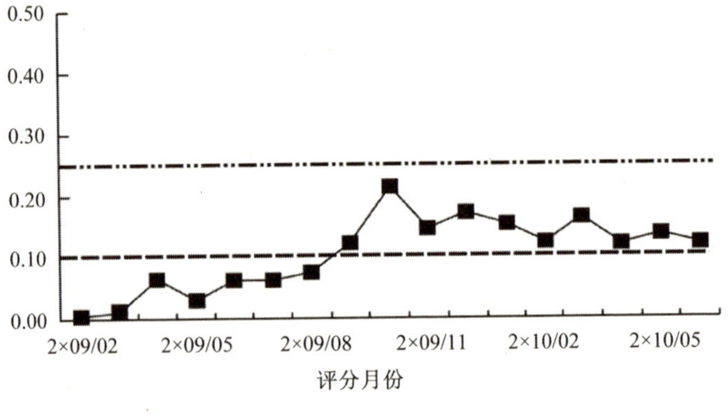

图 9-3　PSI 趋势

三、变量稳定度分析（Characteristics Stability Analysis）

母体分布出现变化现象并不代表评分模型内所有变量均呈现不稳定的形势，此时可利用变量稳定度分析来了解是什么变量造成的母体偏移。

各变量于不同时点的分布差距计算公式如下：

$$\text{变量分布差距} = \sum_{i=1}^{\text{变量属性}} \left(\text{现行评分客户权重}_i - \text{开发样本权重}_i\right)$$

$$= \sum_{i=1}^{\text{变量属性}} \left(\text{评分}_i \times \text{现行评分客户占比}_i - \text{评分}_i \times \text{开发样本占比}_i\right)$$

此变量分布差距的绝对值越大，表示此变量越不稳定；反之，差距的绝对值越小，表示此变量较为稳定。若此变量分布差距为正值，显示现行评分客户与开发样本相比，分布向高分属性移动；若此变量分布差距为负值，则显示现行评分客户与开发样本相比，分布向低分属性移动。

以表 9-3 为例，性别变量的分布差距为 0.32，显示现行评分客户（2×10/06）与开发样本相比（2×09/01）有轻微变化，且此变量分布往高分属性（女性）移动。

以表 9-4 为例，学历变量的分布差距为 1.12，显示现行评分客户（2×10/06）与开发样本相比（2×09/01）有部分变化，且较性别变量显著，而正值的变量分布差距，则反映出分布向高分属性（高学历）移动现象。

以表 9-5 为例，额度使用率变量的分布差距为−6.29，表示现行评分客户（2×10/06）与开发样本相比（2×09/01）有显著变化；负值的变量分布差距则代表分布向低分属性（高额度使用率）移动。

表 9-3　变量稳定度分析——以性别为例

变量：性别

属性	评分（a）	开发样本（2×09/01）			现行评分客户（2×10/06）			差距
		户数（b）	占比（$c=b/B$）/%	权重（$d=a\times c$）	户数（e）	占比（$f=e/E$）/%	权重（$g=a\times f$）	（$h=g-d$）
男	0	105 645	52.05	0.00	465.613	50.28	0.00	0.00
女	18	373 757	47.95	8.63	460.511	49.72	8.95	0.32
合计		（B）779 402	100.00	8.63	（E）926.124	100.00	8.95	0.32

表 9-4　变量稳定度分析——以学历为例

变量：学历

属性	评分（a）	开发样本（2×09/01）			现行评分客户（2×10/06）			差距
		户数（b）	占比（$c=b/B$）/%	权重（$d=a\times c$）	户数（e）	占比（$f=e/E$）/%	权重（$g=a\times f$）	（$h=g-d$）
博/硕士	28	4 756	0.61	0.17	10 324	1.11	0.31	0.14
大学	13	334 643	42.94	5.58	485 451	52.42	6.81	1.23
专科	8	215 464	27.64	2.21	286 428	30.93	2.47	0.26
高中/职	6	128 456	16.48	0.99	67 351	7.27	0.44	−0.55
国中/小	0	63 464	8.14	0.00	47 423	5.12	0.00	0.00
其他	−3	32 619	4.19	−0.13	29 147	3.15	−0.09	0.03
合计		（B）779 402	100.00	8.82	（E）926 124	100.00	9.94	1.11

表 9-5 变量稳定度分析——以额度使用率为例

变量：额度使用率

属性	评分（a）	开发样本（2×09/01）			现行评分客户（2×10/06）			差距（$h=g-d$）
		户数（b）	占比（$c=b/B$）/%	权重（$d=a\times c$）	户数（e）	占比（$f=e/E$）/%	权重（$g=a\times f$）	
≤0	0	148 352	19.03	0.00	102 389	11.06	0.00	0.00
0%～20%	−5	316 127	40.56	−2.03	245 451	26.50	−1.33	0.70
20%～50%	−8	168 453	21.61	−1.73	203 586	21.98	−1.76	−0.03
50%～80%	−16	86 231	11.06	−1.77	165 312	17.85	−2.86	−1.09
≥80%	−56	46 582	5.98	−3.35	143 786	15.53	−8.69	−5.35
其他	−10	13 657	1.75	−0.18	65 600	7.08	−0.71	−0.53
合计		（B）779 402	100.00	−9.06	（E）926 124	100.00	−15.34	−6.29

四、人工否决分析（Override Analysis，申请评分模型）

为确保信用评分模型能有效运用，可用下述监控指针来观察评分模型与征审人员对于案件风险认知的差距，以了解评分模型的母体是否受到人为因素干扰，导致母体产生不稳定的现象。

（1）高分否决（High-Side Override）：指评分高于核准点应予核准，但经由征审人员加入其他主客观因素后拒绝的案件。

（2）高分否决率（High-Side Override Rate）

$$=\frac{\text{评分高于核准点应予核准但拒绝的案件量}}{\text{评分高于核准点案件量}}$$

（3）低分否决（Low-Side Override）：指评分低于核准点应予拒绝，但经由征审人员加入其他主客观因素后核准的案件。

（4）低分否决率（Low-Side Override Rate）

$$=\frac{\text{评分低于核准点应予拒绝但核准案件量}}{\text{评分低于核准点案件量}}$$

申请评分模型上线前，通常会规范高分否决率与低分否决率的上限。当超过此上限时，便与征审人员进行沟通，以避免失去以评分模型作为信用风险决策的目的。

五、数据输入错误率分析（Error Rate of Data Entry）

由于评分模型数据的正确性，会直接影响评分决策及评分模型的预测力，因此，可使用以下两项指标作为监控指针，以确保数据输入人员与信息部门能正确无误地进行评分作业。

（1）评分错误率（Score Error Rate）：因数据输入错误或判断错误，而导致错误评分的比率。

（2）关键错误率（Critical Error Rate）：因数据输入错误、判断错误或评分逻辑错误，而导致错误决策的比率。

其中，案件发生评分错误时，并不一定会发生关键性错误。

六、产品大事记（Portfolio Chronology Log）

所有因评分卡相关政策所采取的行动方案（如营销活动、目标市场、授信政策、推翻评分流程及评分核准点改变等）或外部重大事件发生（如法令规章或影响总体经济等事件），必须记载于文件中并定期维护，以利于后续追踪现行母体在特定时期受到某些因素与事件的影响，从而出现干扰其稳定性的状况。

第二节　后端监控报告

后端监控报告的目的是为了观察信用评分模型对申请客户或近期客户群体是否仍具备有效的鉴别力。

后端监控报告可在信用评分模型于系统上线一段期间后（可为坏客户的延滞月数或表现期间长度）开始执行。若申请客户或近期客户的数量够多，则可逐月得出后端监控报告；若数量不足，则应至少每季得出后端监控报告，以便观察客户变化。若信用评分模型鉴别力发生显著下降，应分析产生的原因，并提出微调或重新开发信用评分模型等改善方案，避免做出错误的信用决策。

常见的后端监控报告包括以下几类：

（1）好坏客户评分分布表（Score Distribution Report，SDR）。

（2）母体鉴别度指标（KS Value /Gini Coefficient）。

（3）变量鉴别度分析（Characteristics Discrimination Analysis）。

（4）好坏概率与评分分析（Good/Bad Odds vs. Score）。

（5）人工否决表现分析（Override Performance Analysis，申请评分模型）。

下面将针对各个分类进行详细介绍。

一、好坏客户评分分布表（Score Distribution Report，SDR）

如同前一节所介绍的评分分布表一样，好坏客户评分分布表也是在统计各个评分组别的评分客户数及占全体户数的比率，目的均为呈现两群客户评分分布的差异情况。

但好坏客户评分分布表比较的是同一观察时点的评分客户，表现时点分别为好客户与坏客户两群客户的分布差距（相同时点、不同表现结果的客群），而前一节的评分分布表是比较开发时点与现行评分时点的两群客户的分布差距（不同时点、全体评分客群）。

此外，具有鉴别力的评分模型，其好坏客户评分分布表应呈现出较显著的评分分布差异，以显示其判断好坏客户的能力；而稳定的评分客群，其评分分布表则应该出现较低的评分分布差异。

以表 9-6 的数字为例，观察时点（2×09/07）评分客户在表现时点（2×10/06）的最终结果可分为好坏客户两群，呈现出好客户大部分为高评分组别，而坏客户大部分为低评分组别的现象。此状况代表信用评分模型具备良好的好坏客户鉴别能力。

表 9-6　好坏客户评分分布表

观察时点（2×09/07）	表现时点（2×10/06）			
评分组别	好客户		坏客户	
	户数（a）	占比（$b=a/A$）/%	户数（c）	占比（$d=c/C$）/%
低～499	4 007	0.49	1 095	5.56
500～549	10 503	1.30	3 123	15.85
550～599	21 210	2.62	4 307	21.86
600～649	38 132	4.71	3 651	18.53
650～699	60 566	7.48	2 808	14.25
700～749	92 988	11.48	2 033	10.32
750～799	144 776	17.88	1 468	7.45
800～849	186 988	23.09	761	3.86

续表

观察时点（2×09/07）	表现时点（2×10/06）			
评分组别	好客户		坏客户	
	户数（*a*）	占比（*b*=*a*/*A*）/%	户数（*c*）	占比（*d*=*c*/*C*）/%
850～899	167 480	20.68	363	1.84
900～高	83 234	10.28	95	0.48
合计	（*A*）809 884	100.00	（*C*）19 703	100.00

除了用好坏客户评分分布表显示客户评分分布差异情况，还可用图 9-4 的好坏客户评分分布图来呈现观察结果。

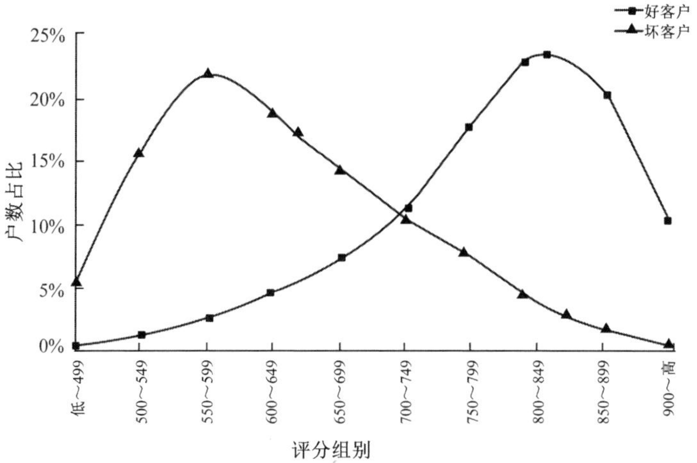

图 9-4　好坏客户评分分布图

图 9-4 中显示好客户大部分分布在右方高评分组别，坏客户大部分分布在左方低评分组别，与期望相符（获得高评分为好客户、低评分为坏客户），显示此评分模型应具备良好的鉴别力。若客户评分分布图呈现出好客户与坏客户曲线完全重叠的现象，则表示评分模型无法鉴别好坏客户。若客户评分分布图呈现好客户与坏客户曲线完全分开，无重叠现象，则表示评分模型有最佳的鉴别力，但此时需注意评分模型是否有过度配

适（Overfitting）的问题。

二、母体鉴别度指标（K-S 值/Gini Coefficient）

母体鉴别度指标是用来衡量评分模型用于判断全体客户好坏的能力。通常可用 K-S 值（K-S 值）与基尼系数（Gini Coefficient）两种衡量指标：当 K-S 值/基尼系数越大，表示好客户与坏客户于评分组别占比差距越大，即具有较佳鉴别度；K-S 值/基尼系数指标越小，则表示好客户与坏客户在评分组别占比差距越小，即鉴别力较差。但 K-S 值/基尼系数仅显示评分模型在单一评分组别或全部群体的鉴别力，无法分辨各评分组别的鉴别力高低。因此，需搭配好坏评分分布表才能判断各评分组别的鉴别力。

衡量 K-S 值与基尼系数标杆值如表 9-7 所示。

表 9-7　母体鉴别度指标衡量表

母体鉴别度指标		意　义
Gini	K-S	
0%～40%	≤30%	评分模型鉴别力不佳，应进行调整或重新开发
40%～80%	30%～75%	评分模型具有良好的鉴别力
80%～100%	≥75%	评分模型具有极佳的鉴别力，但应检视是否存在数据计算错误或极端值问题

（一）K-S 值（K-S 值）

K-S 值概念是各评分组别中，好坏客户累计占比差距最大的数值。若以此数值对应的评分组别作为决策点，则可取得较佳的好坏客户区隔能力。由于 K-S 值仅表示某单一评分组别的好坏客户差距，不代表所有评分组别的好坏客户分离程度，所以不以差距最大的评分组别为决策点时，需参照如图 9-5 所示的好坏客户（累计占比）评分分布图，决定适合的决策点，避免降低评分模型的效能。

好坏客户（累计占比）评分分布图是将整体评分客户依据表现时期的状况分为好客户与坏客户两群，再分别绘制个别客群在各评分组别的累计占比曲线。由于坏客户应大部分落在低评分组别中，因此，累计占比曲线会在低评分组别中快速累计，而好客户大部分落在高评分组别中，累计占比曲线会直至高评分组别才快速增加，因此，坏客户累计占比曲线应在好客户累计占比曲线之上。而好坏客户累计占比差距的曲线，则易于判断各评分组别好坏客户的差距，差距最大的数值即为 K-S 值。

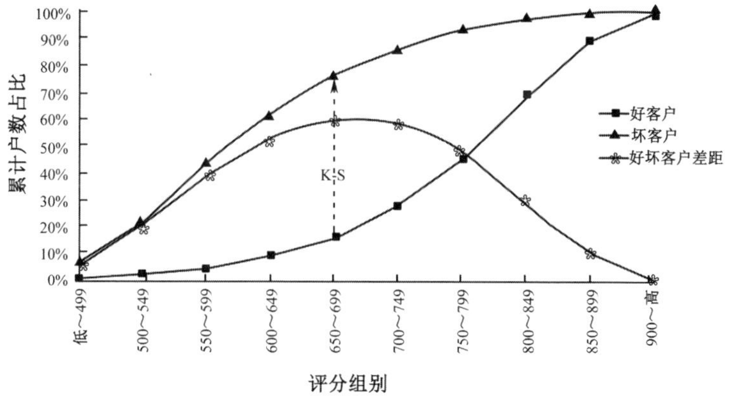

图 9-5　好坏客户（累计占比）评分分布图

（二）基尼系数（Gini Coefficient）

基尼系数是用来衡量评分模型鉴别全体客户好坏能力的一个数值，它不像 K-S 值，只是用来评估单一评分组别的区隔能力。

Gini 曲线又称为洛伦茨曲线，它是依据各评分组别所累计的好客户与坏客户占比，分别作为纵轴与横轴，绘制散布图（Scatter Plot），再将各评分组别的点相连而成。以图 9-6 为例，Gini 曲线为点 *AGC* 所形成的曲线，此曲线上各评分组别的坏客户累计占比均高于好客户，与 K-S 值的好坏客户（累计占比）评分分布图概念相符。

当 Gini 曲线为线段 *AC* 时，代表各评分组别的坏客户累计占比与好客户相同，即评分模型无鉴别能力；当 Gini 曲线为线段 *ABC* 时，代表某一评分组别以下均为坏客户，超过此评分组别的均为好客户，即评分模型具备完全鉴别能力。

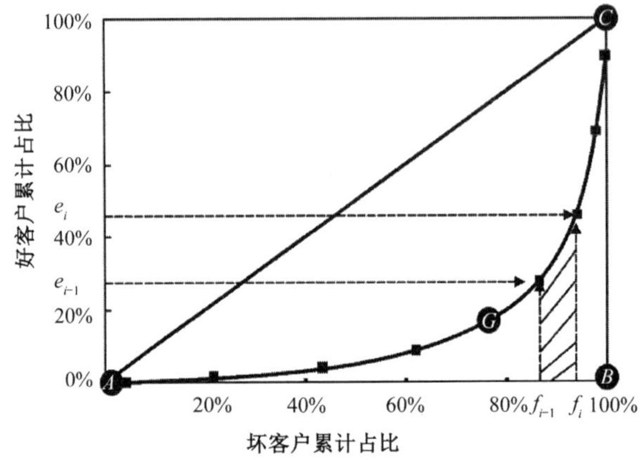

图 9-6　Gini 洛伦茨曲线

通常评分模型 Gini 曲线（如图 9-6 的曲线 *AGC*）介于无鉴别能力（线段 *AC*）与完全鉴别能力（线段 *ABC*）之间；当 Gini 曲线越接近线段 *AC* 时，评分模型的鉴别能力越弱；当 Gini 曲线越接近线段 *ABC* 时，评分模型的鉴别能力越强。

因此，基尼系数定义为：

$$\text{基尼系数（Gini Coefficient）}=\frac{AGCA\text{ 面积}}{\text{三角形 }ABC\text{ 面积}}=\frac{\text{三角形 }ABC\text{ 面积}-ABCGA\text{ 面积}}{\text{三角形 }ABC\text{ 面积}}=\frac{\frac{1}{2}-ABCGA\text{ 面积}}{\frac{1}{2}}=\frac{\frac{1}{2}-\sum_{i=1}^{\text{评分组别}}\frac{(e_{i-1}+e_i)\times(f_i-f_{i-1})}{2}}{\frac{1}{2}}$$

当 Gini 曲线为线段 *AC* 时，Gini 值为 0%，代表评分模型无鉴别能力；当 Gini 曲线为线段 *ABC* 时，Gini 值为 100%，代表评分模型具备完全鉴别能力，因此，基尼系数应是 0%～100%。

K-S 值与基尼系数可通过好坏客户评分分布表加以计算得出（见表 9-8）。

表 9-8　K-S 值与基尼系数运算范例表

观察时点（2×09/07）	表现时点（2×10/06）								
评分组别	好客户		坏客户		累计占比			斜线面积 $[h=(c_{i-1}+e_i)\times(f_i-f_{i-1})]$	Gini $=(0.5-H)/0.5$
	户数（a）	占比（$b=a/A$）/%	户数（c）	占比（$d=c/C$）/%	好客户（e）/%	坏客户（f）/%	差距（$h=g-d$）/%		
低～499	4 007	0.49	1 095	5.56	0.49	5.56	5.07	0.01	
500～549	10 503	1.30	3 123	15.85	1.79	21.41	19.62	0.18	
550～599	21 210	2.62	4 307	21.86	4.41	43.27	38.86	0.68	
600～649	38 132	4.71	3 651	18.53	9.12	61.80	52.68	1.25	
650～699	60 566	7.48	2 808	14.25	16.60	76.05	59.45	1.83	
700～749	92 988	11.48	2 033	10.32	28.08	86.37	58.29	2.31	
750～799	144 776	17.88	1 468	7.45	45.95	93.82	47.87	2.76	
800～849	186 988	23.09	761	3.86	69.04	97.68	28.64	2.22	
850～899	167 480	20.68	363	1.84	89.72	99.52	9.80	1.46	
900～高	83 234	10.28	95	0.48	100.00	100.00	0.00	0.46	
合计	（A）809 884	100.00	（C）19 704	100.00				（H）13.16	73.69

在表 9-8 中，K-S 值可由好坏客户累计占比的差距得知最大数值为 59.45%，其对应的评分组别为 650～699。

基尼系数可先计算各评分组别的斜线面积（梯形面积公式：其中上底为 e_{i-1}，下底为 e_i，高度为 f_i-f_{i-1}，$e_0=f_0=0$），加总各评分组别的斜线面积为 13.16%，之后代入公式得出基尼系数为 73.69%=（0.5-加总的斜线面积）/0.5。

以上计算的 K-S 值高于标杆值（30%），基尼系数也高于标杆值（40%），显示不仅个别评分组别具有良好的区隔能力，此评分模型整体也具有良好的鉴别力。

三、变量鉴别度分析（Characteristics Discrimination Analysis）

母体鉴别能力不足时，并不代表评分模型内所有变量鉴别度均呈现下滑状况。此时，可用变量鉴别度分析来了解是哪些变量造成整体评分模型的区隔力未达标杆值的，从而做出适当的调整动作或重新建立计划。

变量鉴别度可使用信息值 VOI（Value of Information）指针进行衡量，变量 VOI 指针可判断某单一变量在同一时期评分客户经过一段表现期后，所呈现的好坏客户占比的差距程度，若此变量的好坏客户占比有明显差距，则代表此变量具有良好的区隔能力。

变量 VOI 标杆值如下所述：

（1）指针小于 0.02 时，代表此变量无预测好坏客户能力。

（2）指标为 0.02～0.1 时，代表此变量预测好坏客户能力较弱。

（3）指标为 0.1～0.3 时，代表此变量具有预测好坏客户的能力。

（4）指针大于 0.3 时，代表此变量预测好坏客户能力非常强。

变量 VOI 指针与前述变量 PSI 指针的概念相似，均在比较两个客户群组占比是否有显著差距。不同之处在于变量 VOI 指针为衡量相同时期好坏两个客户群组的区隔力，因此，此变量 VOI 指针越高代表鉴别力越强，而变量 PSI 指针是衡量两个不同时期客户群组的稳定度，因此，此变量 PSI

指针越低，则表示稳定度越高。

变量 VOI 指针计算公式如下：

$$变量\ \text{VOI} = \sum_{i=1}^{属性} 占比差距_i \times 占比权重_i$$

式中，各属性的占比差距为好客户群组的客户占比-坏客户群组的客户占比；占比权重为 ln（好客户群组的客户占比/坏客户群组的客户占比）。

在衡量变量内每一属性区隔好坏客户的能力时，通常是以 WOE（Weight of Evidence）判断其鉴别力强弱的。此 WOE 是观察该属性好坏客户占比的相对差距，也就是具有该属性的客户经过一段时间后可能的好坏比率。WOE 计算公式如下：

$$属性\ \text{WOE} = \ln\left(\frac{好客户群组的客户占比}{坏客户群组的客户占比}\right) \times 100$$

故属性 WOE 等于上述占比权重×100。

当属性 WOE 为正值时，代表该属性好客户占比高于坏客户占比；当属性 WOE 为负值时，代表该属性坏客户占比高于好客户占比。

以表 9-9 为例，性别的变量 VOI 为 0.0299，显示此变量预测好坏客户的能力减弱。

以表 9-10 为例，学历的变量 VOI 为 0.1525，显示此变量具有预测好坏客户的能力。

以表 9-11 为例，额度使用率的变量 VOI 为 0.3205，显示此变量预测好坏客户的能力非常强。

表 9-9 变量鉴别度范例表——性别

变量：性别

属性	评分	开发样本（2×10/06）		现行评分客户（2×10/06）		占比差距	占比权重	Index	坏客户率
	（2×09/07）	户数（*a*）	占比（*b*=*a*/*A*）/%	户数（*c*）	占比（*d*=*c*/*C*）/%	（*h*=*g*–*d*）/%	[*f*=ln（*d*/*b*）]	（*g*=*e*×*f*）	[*h*=*c*/（*a*+*c*）]/%
男	0	11 564	58.69	405 645	50.09	−8.60	−0.158 5	0.013 6	2.77
女	18	8 139	41.31	404 239	49.91	8.60	0.189 2	0.016 3	1.97
合计		（*A*）19 703	100.00	（*C*）809 884	100.00		VOI=0.0299		2.38

表 9-10 变量鉴别度范例表——学历

变量：学历

属性	评分	开发样本（2×10/06）		坏客户（2×10/06）		占比差距	占比权重	Index	坏客户率
	（2×09/07）	户数（*a*）	占比（*b*=*a*/*A*）/%	户数（*c*）	占比（*d*=*c*/*C*）/%	（*c*=*d*–*b*）/%	[*f*=ln（*d*/*b*）]	（*g*=*e*×*f*）	[*h*=*c*/（*a*+*c*）]/%
博/硕士	28	23	0.12	4 756	0.59	0.47	1.6155	0.007 6	0.48
大学	13	6 356	32.26	334 643	41.32	9.06	0.2475	0.002 4	1.86
专科	8	4 742	24.07	215 464	26.60	2.54	0.1002	0.002 5	2.15
高中/职	6	2 956	15.00	128 456	15.86	0.86	0.0556	0.000 5	2.25
国中/小	0	1 634	8.29	63 464	7.84	−0.46	−0.0567	0.000 3	2.51
其他	−3	3 992	20.29	63 101	7.79	−12.47	−0.9557	0.119 2	5.95
合计		（*A*）19 703	100.00	（*C*）809 884	100.00		VOI=0.029 9		2.38

表 9-11　变量鉴别度范例表——额度使用率

变量：额度使率

属性	评分（2×09/07）	开发样本（2×10/06）		坏客户（2×10/06）		占比差距（$c=d-b$）/%	占比权重 [$f=\ln$（d/b）]	Index（$g=e\times f$）	坏客户率 [$h=c/$（$a+c$）]/%
		户数（a）	占比（$b=a/A$）/%	户数（c）	占比（$d=c/C$）/%				
≤0%	0	2 312	11.73	148 352	18.32	6.58	0.445 4	0.029 3	1.53
0%～20%	−5	6 554	33.26	316 127	39.03	5.77	0.159 9	0.009 2	2.03
20%～50%	−8	4 352	22.09	168 453	20.80	−1.29	−0.060 1	0.000 8	2.52
50%～80%	−16	3 552	18.03	86 231	10.65	−7.38	−0.526 6	0.038 9	3.96
≥80%	−56	2 883	14.63	46 582	5.75	−8.88	−0.933 7	0.082 9	5.82
其他	−10	50	0.25	44 139	5.45	5-20	3.067 0	0.159 4	0.11
合计		（A）19 703	100.00	（C）809 884	100.00		VOI=0.320 5		2.38

四、好坏概率与评分分析（Good/Bad Odds vs．Score）

各评分组别的好坏客户比率趋势也是判断评分模型是否具鉴别力的方式。鉴别力良好的评分模型应呈现出高评分组别有较多的好客户及低评分组别有较多的坏客户的状态，即好坏概率（Good/Bad Odds）随着评分的升高而有增加的趋势。

好坏概率的计算方式为各评分组别的好客户数除以坏客户数，以表9-12 为例，550～559 评分组别的好坏概率为 21 210/4 307＝4.92。此范例的好坏概率大致随着评分升高而呈现好坏概率逐渐增加的态势，499 评分组别的好坏概率略高于 500～549 评分组别，应持续观察其后续的变化状况。

由于评分模型最终完成前均经过风险校准，因此，相邻的评分组别的好坏概率应大致呈现倍数成长的变化，但以好坏概率作为观察指标有时不容易发现各评分组别的相对关系变化程度，因此，又可以将好坏概率取自然对数，即 ln（好坏概率），来作为另一种观察指标。

表 9-12　好坏概率分布表

观察时点（2×09/07）	表现时点（2×10/06）					
评分组别	好客户		坏客户		好坏概率/（$e=a/c$）/%	ln（好坏概率）[f=ln（e）]/%
	户数（a）	占比（$b=a/A$）/%	户数（c）	占比（$d=c/C$）/%		
低～499	4 007	0.49	1 095	5.56	3.66	1.30
500～549	10 503	1.30	3 123	15.85	3.36	1.21
550～599	21 210	2.62	4 307	21.86	4.92	1.59
600～649	38 132	4.71	3 651	18.53	10.44	2.35
650～699	60 566	7.48	2 808	14.25	21.57	3.07
700～749	92 988	11.48	2 033	10.32	45.73	3.82
750～799	144 776	17.88	1 468	7.45	98.63	4.59
800～849	186 988	23.09	761	3.86	245.87	5.50
850～899	167 480	20.68	363	1.84	461.97	6.14
900～高	83 234	10.28	95	0.48	880.10	6.78
合计	（A）809 884	100.00	（C）19 704	100.00	41.10	3.72

分别绘制各评分组别的好坏概率与 ln（好坏概率）折线图，如图 9-7 所示，可发现好坏概率曲线由于各评分组别呈现倍数增加的情况，导致最高评分组别好坏概率过大，并影响到判断低评分组别的好坏概率是否会随着评分升高而增加（Rank-Ordering）的情况。

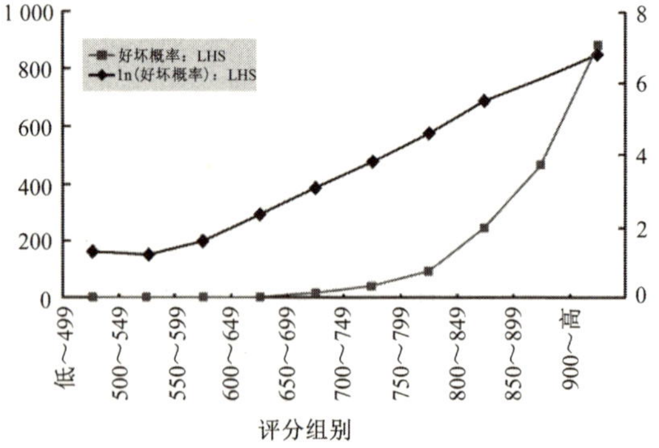

图 9-7　好坏概率 vs. 评分组别曲线图

而 ln（好坏概率）则是接近直线，而且各评分组别对应数值差距不大，因此易于判断各组相对关系，由图 9-7 可发现，低于 499 评分组别的好坏概率较 500～549 评分组别略高。

在正常的状况下，各评分组别的 ln（好坏概率）相连接后会接近一条直线。此直线越陡峭，表示评分模型高低评分组别的好坏概率差距越大，即具有较佳的鉴别力。

根据图 9-8 说明，2×09/12 的 ln（好坏概率）直线斜率较 2×08/12 与 2×09/06 更为平缓，代表此评分模型在 2×09/12 的鉴别力较 2×08/12 与 2×09/06 时期低。

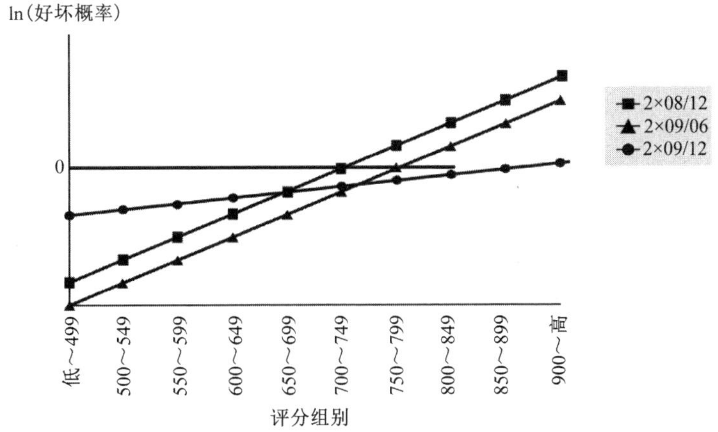

图 9-8　ln（好坏概率）vs. 评分组别曲线图

而 2×08/12 与 2×09/06 为平行的两条直线，表示这两个时期鉴别力相近，所不同的是在同一评分组别下，2×09/06 所对应的好坏概率较低，此时可透过修改授信政策的临界点（Cut-off Point）达到与之前相同的效果。以图 9-8 为例，若在 2×08/12 制订的决策点为 700～749 评分组别，为保持资产组合具有相同的好坏概率，则在 2×09/06 时应上调决策点至 750～799 评分组别。

五、人工否决表现分析（Override Performance Analysis，申请评分模型）

以评分模型作为信用风险决策依据时，通常会结合其他信用风险管理政策与征审员的经验判断，以形成最终决定。但人为判断若过于频繁，将可能造成评分模型效益下降，或整体资产质量不如预期的情况。因此，定期检视人工干预评分案件的表现状况，可了解征审人员与评分模型对于风险的判断是否一致，同时也可判别征审人员的决策是否良好。

以表 9-13 为例，申请案件的核准率随着评分组别越高而增加，显示征审员与评分模型对于风险评估大致相同。而应用评分模型作为决策方式时，通常会为下列两项指标设定上限，以避免人为干预过深：

（1）低于核准点案件的核准率：表 9-13 中的 9.20%[442/(442+4 364)×100%]。

（2）低于核准点案件占全体核准件的核准率：表 9-13 中的 5.06%[442/8 734×100%]。

表 9-13　人工干预评分表现分布表

观察时点（2×09/07）				表现时点（2×10/06）		
评分组别	申请案件			好客户户数（d）	坏客户户数（e）	坏客户率[$f=e/(d+e)$]/%
	核准（a）	拒绝（b）	核准率[$c=a/(a+b)$]/%			
低～499	51	1 423	3.46	40	10	20.00
500～549	136	1 652	7.61	105	31	22.79
550～599	255	1 289	16.52	234	21	8.24
低于核准点	442	4 364	9.20	379	62	14.06
600～649	417	423	49.64	381	36	8.63
650～699	633	243	72.26	605	28	4.42
700～749	950	238	79.97	929	21	2.21
750～799	1 462	336	81.31	1 447	15	1.03
800～849	1 877	385	82.98	1 869	7	0.37
850～899	1 678	285	85.48	1 674	4	0.24
900～高	833	128	86.68	832	1	0.12
合计	8 734	10 766	44.79	8 495	236	2.70
$\frac{\text{低于核准点}}{\text{全体核准点}}$=5.06%						

判断征审人员是否做出正确的决策，可观察低于核准点却被核准的案件经一段表现期后的坏客户率高低。若评分模型具有鉴别能力，则低于核准点的案件，其风险程度应该较高；倘若经征审员仔细核对与评估后仍然核准，表示此类案件是低分案件中风险较低者，应在观察期后呈现较佳的坏客户率。

由表 9-13 中的数据可以了解，低于核准点的 550～599 评分组别坏客户率为 8.24%，甚至低于 600～649 评分组别，显示 550～599 评分组别的核准案件，必定经过征审员精挑细选后才会核准，因此，其坏客户率反而低于 600～649 评分组别，此现象也说明：评分模型效果有可能会因为征审员的决策而受到影响。

第十章

信用评分模型策略运用

建立信用评分模型的目的只是判断客户的风险程度，若要在日常业务执行中使用，则需考虑其他营销面、财务面或法规面、作业面等因素，方能切合实际业务需求，将全体客户切分为性质有明显差异的客群。在分析并了解各客群所具备的性质后，银行即可分别制订适当的行动策略，以有效达成业务目标。

信用评分模型可广泛运用在信用风险管理业务中，但依据其开发类型与目的，不同的信用评分模型各有其适当的应用范围，整理如表 10-1 所示。

表 10-1　信用评分模型种类

信用评分模型	应用范围
申请评分卡	申请准驳依据、初始额度给予、风险定价及预借额度给予等
行为评分卡	风险定价、预借额度给予、期中复审依据及超额额度给予等
催收评分卡	延滞客户催收等

本章首先介绍如何制订契合业务目标的行动策略，接下来，讨论各信用评分模型应用在各项业务时所应考虑的其他区隔因素。最后，提供范例以供参考。

第一节　业务策略制订方式

为有效达成预定的业务目标，银行可根据下列流程制订适宜的业务策略。

一、定义目标变量

与开发信用评分模型相同，定义目标变量的首要步骤是确立业务目标（目标变量），但此处的业务目标除风险程度外，也可能是业务量、利润或催理金额等，应与相关单位讨论后决定。举例而言，风险定价策略的业务目标不一定是降低延滞率（风险程度），可能是扩大产品市占率（业务量），抑或是追求利润极大化。

二、拟定资料期间

与开发信用评分模型相同，拟定资料期间需分别拟定观察期间与表现期间。其中观察期间是指客户在此期间所发生的先期征兆（区隔变量）；表现期间指客户经过此期间最终呈现的结果（目标变量）（见图 10-1）。

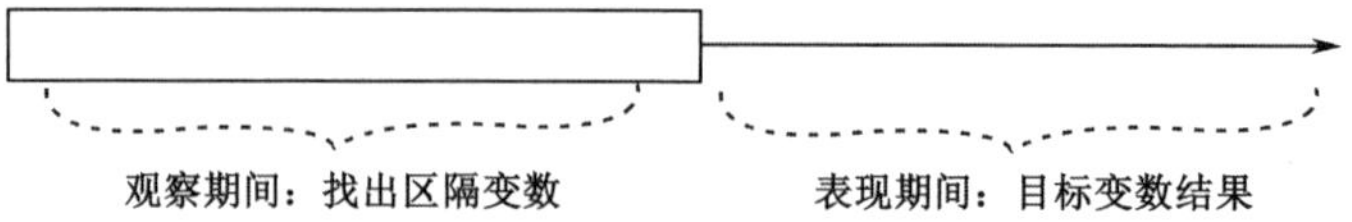

图 10-1　业务目标区隔模型

此表现期间长度不需要与信用评分模型相同，而是取决于多久后客户的目标变量会产生应有结果。例如，信用卡超额额度给予的策略，若业务目标为降低伪冒诈欺案例（目标变量定义为超额客户发生诈欺），由于恶意诈欺通常在超额刷卡后就会被察觉，因此，可拟定表现期间为超额刷卡后的 1～3 个月。

三、寻找区隔变量

除了以信用评分作为主要区隔变量外，还需纳入其他可能影响目标变量的因素（区隔变量），以弥补信用评分模型风险评估的不足。以初始额度给予策略为例，信用评分模型衡量客户还款意愿，但并未考虑客户还款能力，所以还需要加入客户收入高低、职业稳定度与其他财力证明等区隔变量，以确保给予适宜的信用额度。

四、建立业务目标区隔模型

用决策树（Decision Tree）统计方式，将全体客户用具有鉴别力的区隔变量进行客群分组，使各组组内的目标变量相近，组间的目标变量有明显差异。此决策树模型的优点为：各客群可采用不同区隔变量进行分组（一般统计模型均用相同区隔变量），更可对该分组的行为特质量身定做区隔模型，有效预估未来业务状况。

五、设定各客群业务策略

依据切分的客户组别，计算该组目标变量的平均值，分别给予适当策略，以达到差异化策略的方式。例如，期中复审策略，某一群组的平均违约率为 10%，另一群组平均违约率为 1%，则可对违约率 10%的客群采取严厉的管制措施，而对违约率为 1%的客群暂不采取任何行动。

第二节　业务策略应用方式

一、申请准驳依据

（一）业务目标

为了降低核准客户的违约率（以户数为单位），通常运用申请评分卡搭配其他区隔变量来达成。

（二）区隔因素

营销策略（如争取女性年轻族群）、法令规定（如对学生族群的卡数限制和无担保债务总余额占平均月收入上限）及其他风险政策 （如年龄上下限、年收入、职业、工作年资、无担保债务总余额上限、短期内密集申请贷款与信用卡等金融商品）等因素。

（三）其他

若未针对不同客群分别开发信用评分模型，则可依据决策树统计方式划分各客户群组的风险程度，并制订不同的核准点，以符合业务需求。

二、初始额度给予

（一）业务目标

为了降低核准客户的违约率（以金额为单位），通常运用申请评分卡搭配其他区隔变量来达成。

（二）区隔因素

营销策略（如高财力客户及特殊项目）、法令规定（如对学生族群的额度限制和无担保债务总余额占月收入上限）及其他风险政策（如本行产品额度上限、无担保债务总余额上限及每月应缴贷款本息占月收入比率）等因素。

（三）其他

申请评分卡为了评估客户违约的可能性，通常以账户为单位，并非以金额为单位，若搭配如《巴塞尔新资本协议》这样的内部评分模型，则可进一步预估各客群违约金额的多少，据此给予适当的额度，达成业务目标。

三、风险定价

（一）业务目标

通常为了追求最大利润，可以把申请评分卡（针对新客户）、行为评分卡（针对既有客户）或《巴塞尔新资本协议》的内部评分模型作为信用风险成本，搭配收益预测模型及其他区隔变量来达成目标。

（二）区隔因素

信用卡是否动用循环、信用额度、营销策略（如信用卡种类与卡片等级、特殊项目）、职业、无担保债务总余额占月收入比率及每月应缴贷款本息占月收入比率等。

四、预借额度给予

（一）业务目标

通常为了追求最大利润，可以申请评分卡（针对新客户）、行为评分卡（针对既有客户）或《巴塞尔新资本协议》的内部评分模型作为信用风险成本，搭配收益预测模型及其他区隔变量来达成目标。

（二）区隔因素

区隔因素是指与本行往来月数、近期消费金额等因素。

五、期中复审依据

（一）业务目标

通常为了降低核准客户的违约率（以金额为单位），可运用行为评分卡搭配其他区隔变量达成。

（二）区隔因素

信用卡是否动用循环、无担保债务总余额占月收入比率、无担保债务总余额、无担保产品数、过去延滞状态与次数、信用卡额度使用率、信用卡预借现金次数及过去缴款状况等。

六、超额额度给予

（一）业务目标

通常为了降低核准客户的伪冒诈欺概率，可运用行为评分卡搭配其他区隔变量达成。

（二）区隔因素

是否为预借现金类交易、交易地点为国内/国外、信用卡是否动用循环、信用额度、近期消费金额及营销策略（如信用卡种类与卡片等级）等。

七、延滞客户催收

（一）业务目标

通常为了提高延滞客户的回收金额，可运用催收评分卡搭配其他区隔变量来达成。

（二）区隔因素

目前逾期金额、与本行往来月数、过去缴款金额、过去延滞状态与次数、客户年龄、信用卡额度使用率及无担保产品总余额等。

（三）其他

若尚未建立催收评分卡，可用行为评分卡试算，但两种评分卡性质与目的不尽相同，因此，需要注意最终分析结果是否合理与恰当。

第三节　范例

以下内容针对信用卡额度调整策略，说明应如何利用信用评分模型，搭配其他区隔变量来拟定最佳的分组方式，并依据各分组的平均目标变量值，给予各分组适当的额度调整比率。

一、目标变量

定义目标变量为违约率（客户延滞状况 M2+为违约），额度调整策略预期能降低整体资产违约率。

二、资料期间

以 2×09/03 进行额度调整的客户作为开发样本，观察这些开发样本在过去 6 个月（观察期间：2×08/10—2×09/03）的各项特征，并以后续 12 个月内（表现期间：2×09/04—2×10/03）曾经发生延滞状况 M2+者为违约客户。

三、区隔变量

区隔变量是指客户与本行往来月数、上次额度调整迄今月数、行为评分卡风险等级、预借现金余额占信用额度比率、过去 6 个月额度使用率及过去 6 个月缴款率。

四、业务目标区隔模型

用决策树统计软件将全体客户依据违约率做区分，得到最合适的区隔模型，如图 10-2 所示。

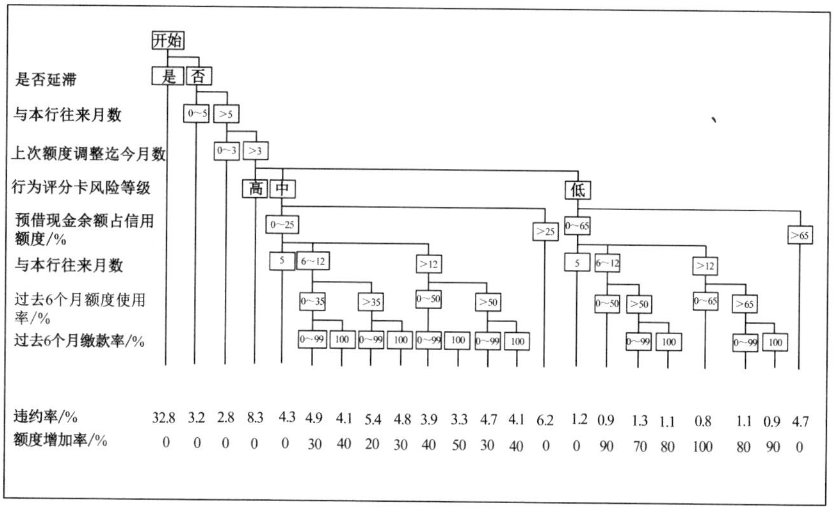

图 10-2　业务目标区隔模型

五、设定业务策略

各分组在表现期内会有部分客户违约，但另一部分客户尚未违约，计算该组的平均违约率后，依据“高违约率给予较低额度增加率，低违约率给予较高额度增加率”的原则，分别给予各组不同额度的增加率，以期有效降低全体违约率。

但部分分组还是以非直接与风险相关的变量分组（如客户往来月数小于 6 个月，或上次额度调整迄今月数小于 6 个月），而是由人为进行强制区隔分组，因此，某些客户分组违约率虽不高，但仍不给予额度调整空间。

第十一章

信用评分模型案例（消费产品分期）

案例说明：本评分模型开发项目是某金融服务公司的消费分期产品，主要是根据客户过去一段时间的交易信息、还款状况，以及一些身份特质而产生的信用评分模型，以作为之后进件准驳与否的参考。

第一节 数据样本

本评分模型建立的观察时点（Observation Point）为 2016 年 5 月 18 日，以 2015 年 7 月 15 日—2016 年 5 月 17 日为开发样本观察期（Observation Period）。样本数据除了金融服务公司提供其贷款产品的主文档数据“申请信息与每月月终逾期情况统计表”外，还由第三方征信业者提供外部征信数据来参与模型的建立。资料内容整理如表 11-1 所示。

表 11-1 资料内容整理

数据集来源	资料说明	笔数/笔	字段数/个
金融服务公司	金融公司客户申请资料	132 060	24
第三方数据源——A	申请人个人资料征信报告	1 372 890	466
第三方数据源——B	申请人信用规则统计表	559 439	21

第二节 样本好坏表现定义

样本的好坏定义是决定整个模型的涵盖率及鉴别度高低的重要依据，所有合格的开发样本均需依其表现期数据决定表现表现，并通过账龄分析（Vintage Analysis）及滚动率（Roll Rate）分析来判断样本的好坏。一般而言，违约客户被定义为坏样本，反之，则为好样本。

账龄分析可以让模型建立人员了解项目样本过往违约率变化及违约成熟期长短。一般而言，样本应从已达违约成熟期长度的客户中选取，因此我们的分析会从客户申请核准且拨款后开始，观察客户往来多久时发生违约，当发生违约后，该笔样本即被视为违约样本，进而计算每个申请月份在往来期间每个月所发生的累计违约样本，如表 11-2 所示。

表 11-2 前 3 个月每月违约账龄分析表

日期	1～10	2～10	3～10	4～10	……
1～10	客户数	客户数	客户数	客户数	客户数
	违约数	违约数	违约数	违约数	违约数
2～10	客户数	客户数	客户数	客户数	客户数
	违约数	违约数	违约数	违约数	违约数
3～10	客户数	客户数	客户数	客户数	客户数
	违约数	违约数	违约数	违约数	违约数
……	客户数	客户数	客户数	客户数	客户数
	违约数	违约数	违约数	违约数	违约数

主文档资料期间为 2015 年 7 月—2016 年 5 月，最长往来期间才 11 个月，但根据分析金融服务贷放类产品的经验，客户的违约成熟期为 18～36 个月。其中，个人信用贷款 18～24 个月，房屋贷款 24～36 个月，因此，仅能利用现有的数据进行分析及观察客户的违约成熟期长度。

兹设定 3 种违约情境分别为 M1、M2 与 M3，并观察客户与金融服务公司往来后的逾期状况，参考图 11-1～图 11-3。

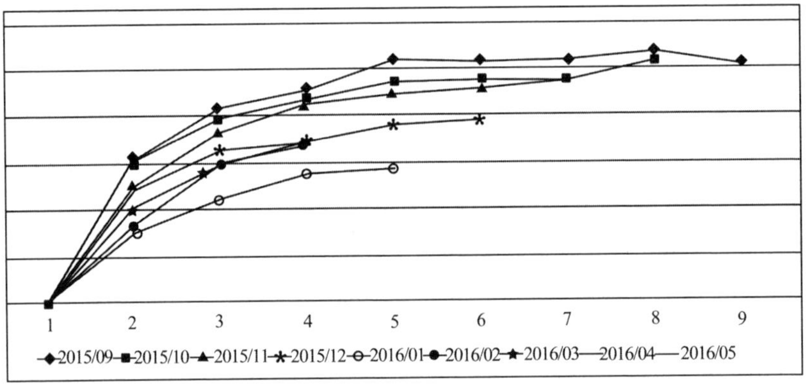

图 11-1　损益表 M1

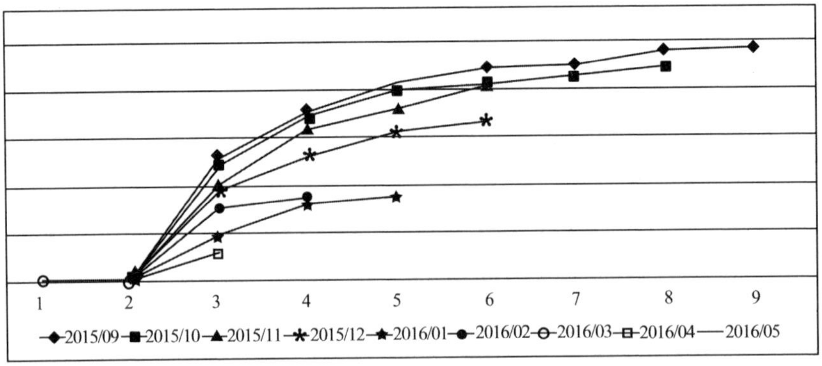

图 11-2　损益表 M2

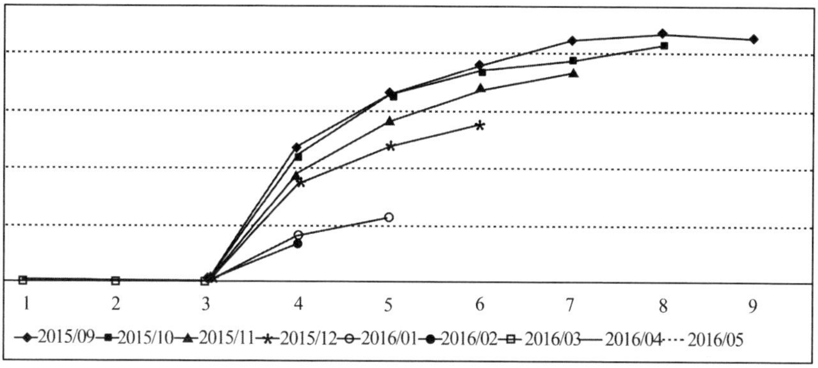

图 11-3　损益表 M3

当设定违约定义为与金融服务公司往来后首次发生 M1 或 M2 时，往来 5～7 个月后，违约率逐渐趋向平稳。若是首次发生 M3，则需 8 个月后违约率才趋于成熟稳定。

滚动率分析则是观察客户发生逾期后，在每个逾期状态下，次月发生信用贬落的百分比，借此了解何种逾期状态发生后的客户可视为违约。利用金融服务公司提供的主档串接月末逾期数据，找出核准且拨款样本每个月的逾期状态，计算每个月每种逾期状态下，次月发生信用贬落（如当月 M1 次月 M2）的百分比。

以此项目来说，当月发生 M1、次月贬落 M2 的百分比 56.5%～77.2%；当月 M2 次月贬落 M3 则为 82.7%～91.8%，因此，当客户发生 M2 时，未来很有可能信用持续恶化形成违约呆账。详见表 11-3 客户滚动率资料。

表 11-3　客户滚动率资料

日期	7～15	8～15	9～15	10～15	11～15	12～15	1～16	2～16	3～16
M1/%	0.00	16.20	31.70	25.10	22.10	18.60	14.40	9.00	8.10
M1～M2/%	—	—	—	69.10	76.60	77.20	76.00	56.50	63.90

续表

日期	7～15	8～15	9～15	10～15	11～15	12～15	1～16	2～16	3～16
M2～M3/%	—	—	—	—	85.80	88.00	91.80	84.30	82.70
M3～M4/%	—	—	—	—	—	98	89.50	90.30	93.10

将以上账龄分析及滚动率的数据提供给金融服务公司，则该公司根据本身产品的特性、授信政策、风险控管与催收策略将评分卡的违约定义为：核准后缴款 5 个月内曾发生 M1+两次，或缴款未满 5 个月但曾发生 M1 两次。

第三节　变量分析

评分模型的目的是将有效预测客户未来发生违约的字段进行最佳配置，字段的质与量会左右模型预测能力。因此，在模型开发前，会使用金融服务公司提供的客户申请及第三方征信数据，根据过往模型开发经验，产出相关的衍生字段放入长变量列表（Long List）。

接下来，利用统计检验方法：T 检验、卡方检验与 IV 信息值（Information Value）值的大小，从长清单中筛选有区隔力及预测力的字段进入短变量列表（Short List），短变量列表内的字段供下个阶段模型开发及后续模型微调所用。

在这个项目中产出了 466 个衍生字段，从客户申请数据衍生了 6 个衍生字段。针对这些字段的原始数字，连续型字段利用 T 检验，间断型字段利用卡方检验（设定 5%的显著水平）进行初步筛选，淘汰掉无好坏区隔能力的字段，最终通过检验的有 191 个。

将通过检验的字段，根据字段与违约与否进行属性分组（Attribute Segmentation），找出各字段与违约的趋势，观察是否呈现单调性且符合金融服务公司对于该字段的业务直觉。接着计算字段的 WOE 值，它是衡量字段中每一属性好坏户数比差异的程度，WOE 的绝对值越大，表示好坏户数比的差异也越大，且 WOE 越大，表示该属性越不容易发生违约，其计算公式如下：

$$\text{WOE}=\left[\ln\left(\frac{\text{正常户占比}}{\text{违约户占比}}\right)\right]$$

WOE 计算完毕后，开始计算字段的 IV 值，它是衡量字段分辨好坏的能力高低的，IV 值越大表示字段分辨好坏的能力越高，IV 值的计算公式为：

$$\text{IV}=\sum_{i=1}^{n}\left(\text{正常户占比}-\text{违约户占比}\right)\times\ln\left(\frac{\text{正常户占比}}{\text{违约户占比}}\right)$$

变量分析如表 11-4 所示。

表 11-4 变量分析

字段名称	分组	总样本数/笔	好样本数/笔	坏样本数/笔	好样本百分比/%	坏样本百分比/%	WOE	IV
Max_xxxx_time	0～1.38	662	311	351	16	26	−0.486	0.048 3
Max_xxxx_time	1.38～1.85	336	181	155	9	11	−0.210	0.004 5
Max_xxxx_time	1.85～2.92	664	382	282	19	21	−0.061	0.000 8
Max_xxxx_time	2.92～6.96	1324	860	464	44	34	0.252	0.024 7
Max_xxxx_time	>6.96	333	225	108	11	8	0.369	0.013 1
合计		3 319	1 959	1 360				0.091 4

以表 11-4 的字段为例来计算分组为（1.38,1.85］的 WOE 值及相对的 IV，（1.38,1.85］的好样本有 181 笔，好样本百分比为 9%（181/1 959），坏样本有 155 笔，坏样本百分比为 11%（155/1 360），所以 WOE 约为 ln（9%/11%）=−0.210。该分组的 IV 值为（9%−11%）×ln（9%/11%）=0.004 5。以此类推，将另外 4 个分组的 IV 值计算完毕/加总所有分组的 IV 值后，即为“距申请日期前最长实名认证的绑定账号期间”这个字段的 IV 值 0.091 4 = 0.048 3+0.004 5+0.000 8+0.024 7+0.013 1。关于判断 IV 值高低、预测水

平的经验法则如表 11-5 所示，若 IV 值超过 0.5 则表示预测能力好到令人怀疑——是否是因为资料清理不完全，或是字段曾经过操弄。

表 11-5　IV 值预测水平

IV 值	预测水平
$X<0.02$	无预测能力（Unpredictive）
$0.02\leqslant X<0.1$	弱预测能力（Weak）
$0.1\leqslant X<0.3$	中预测能力（Medium）
$X\geqslant 0.3$	强预测能力（Strong）

一般而言，开发模型前会从长变量列表（Long List）中挑选通过检验且 IV 值大于 0.1 的字段进入短变量列表（Short List），为日后建模与调整模型之用。若按此门槛进行挑选，则这个项目仅有少部分的字段且集中于某一个数据源，这样会使得模型的产生有所偏颇，效度降低。为了增加短变量列表（Short List）样本数且涵盖较多数据集，选择调整短变量列表（Short List）的通过门槛为：挑选通过检验且 IV 值大于 0.07 的字段。以此方式挑选出来的字段涵盖了所有的数据源，也得到了金融服务公司的认可。

第四节　模型建立与验证

评分模型可能有多种不同的开发方式，逻辑回归（Logistic Regression）是建立评分卡时最常用的统计方法，它适用于字段为连续型或是间断型的情况，并利用事件发生与未发生的 Odds 值取对数，来预测未来事件发生的概率，在挑选对好（Good）与坏（Bad）鉴别力最佳的变量组合并指定其系数时，其变量相关性（Correlation）也会并入考虑中。

将短变量列表（Short List）字段的 WOE 值代入逻辑回归的公式中，就能找出一个最佳解，例如，在短变量列表（Short List）中共有 7 个字段，从 X1 到 X7，则有可能产生 7 个相对的系数 β_1 到 β_7 与一个截距 α，得出以下的方程式:

$Y=\alpha+\beta_1X_1+\beta_2X_2+\beta_3X_3+\beta_4X_4+\beta_5X_5+\beta_6X_6+\beta_7X_7$，接下来，再利用评分估算技术将评分卡系数转换为便于解读的形式。

一般业界为了便于解读，通常会根据以下的假设来进行评分估算：平均分数为 200 分，每隔 20 分 Odds 加倍。Odds 指的是 Good/Bad 的比值，也就是每隔 20 分，未违约客户与违约客户的比例会加倍，因此，我们可以根据此分数区间规划合理的风险区隔以进行差异化管理，结果如表 11-6 所示。

表 11-6　评分卡的分组

分数区间	总样本/笔	好样本/笔	坏样本/笔	违约率/%	累计好样本率/%	累计坏样本率/%
≤350	128	27	101	78.91	1	7
350～375	161	50	111	68.94	4	16
375～400	277	100	177	63.90	9	29
00～425	421	193	228	54.16	19	45
425～450	376	126	250	66.49	22	64
450～475	502	302	200	39.84	50	78
475～500	579	424	155	26.77	73	90
500～525	406	323	83	20.44	86	96
525～550	259	226	33	12.74	94	98
≥550	210	188	22	10.48	100	100
合计	3 319	1 959	1 360			

在信用评分卡建立过程中，为了能够有效评估信用评分卡的预测能力，以及诊断是否需要进一步修正，必须通过评估图表来检视评分卡成效。接下来，就用 K-S 值来测验模型在哪个评分区间能够将正常客户与违约客户分得最开，可用图 11-4 来表示。

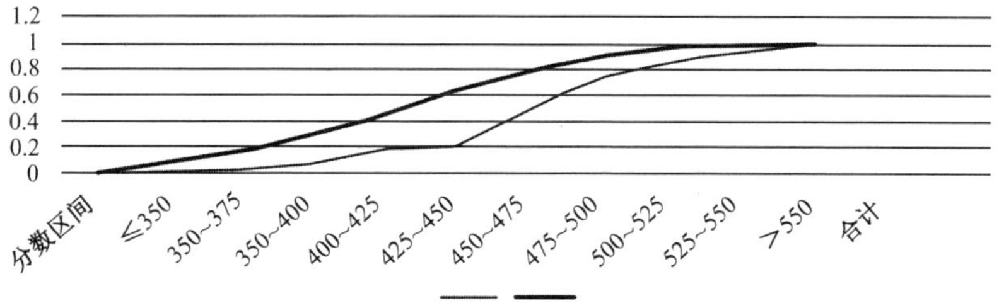

图 11-4　K-S 值

从图 11-4 中可以得知，在 425～450 这个区间的正常客户与违约客户分得最开。中间的差距为 42%（64%-22%），是最大区间。K-S 预测力分析显示，依实务推论，K-S 值在 40 以上是普遍可接受的参考值，若 K-S 在 20 以下则表示此模型几乎没有预测能力，K-S 如在 75 以上则表示此模型预测能力好到令人质疑，可能有失真或偏误的现象。

第十二章

信用评分模型案例（现金贷）

案例说明：本评分模型开发项目是某金融服务公司的现金贷产品，现金贷的性质与分期的产品有很大的不同点，就是金额少、期数短和放款速度快。通常很多的现金贷产品标榜 30 分钟内或更短时间内就能审核完成。因为成本与时效性，很多现金贷的产品不会加入第三方数据源或是仅有少数数据作为参考。

第一节　数据样本

本评分模型建立的观察时点（Observation Point）为 2016 年 12 月 30 日，以 2016 年 8 月 1 日至 11 月 30 日为开发样本观察期（Observation Period）。样本数据完全由金融服务公司提供且并无第三方的数据参考，总共有将近 47 000 笔数据。

第二节　样本好坏表现定义

因为现金贷快借快还的特性，所以之前讨论的账龄分析滚动率等分析好坏样本的方式不一定适用于这种商品。因此，我们从数据中归纳出，一项还款现状（Status）的字段，里面有三种可能的参数，分别是“正常还款”“逾期已还”和“逾期未还”我们将“正常还款”定义为好样本，其余两项为坏样本。这样的好坏样本比例将近未 3.5:1。

第三节　变量分析

金融公司提供的资料源中共有 22 个不同的字段，经过初步的筛选，选出了 9 个成为长变量列表（Long List）的成员，分别是年龄、性别、婚姻状况、学历、住房状况、居住省份、职业类型、贷款金额和贷款期数，然后再经由 WOE 及 IV 的筛选，选出 4 项加入短变量列表（Short List）内。在这过程中，每个变量里的 IV 值除了要大于选择的门槛 0.02 外，还要再观察变量里的分组是否呈现单调递增或递减的趋势，如表 12-1 所示。

表 12-1　学历分组 I

受教育程度	高/人	低/人	小计/人	高学历占比/%	低学历占比/%	异常率/%	WOE	IV
初中以下	117	47	164	0.3	1.3	28.7	−1.332	0.013
初中	1 588	243	1 831	4.7	6.8	13.3	−0.367	0.008
高中、中专、技校	10 296	1 412	11 708	30.6	39.6	12.1	−0.257	0.023
大学专科	13 780	1 254	15 034	41.0	35.2	8.3	0.153	0.009
大学本科	7 636	592	8 228	22.7	16.6	7.2	0.313	0.019
硕士	188	15	203	0.6	0.4	7.4	0.284	0.000
博士及以上	7	1	8	0.0	0.0	12.5	−0.298	0.000
合计	33 612	3 564	37 176	100	100			0.059

表 12-1 中显示，虽然整体学历的 IV 值达到 0.02 门槛的高达 0.059，但是观察 WOE 的趋势，却无法呈现出单调递增或递减的特性，如图 12-1 所示。

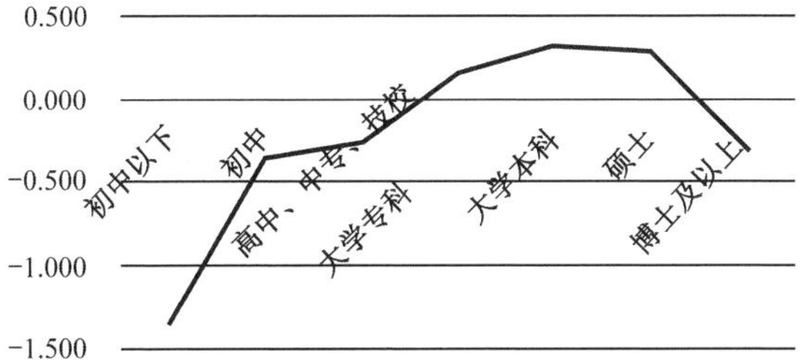

图 12-1　学历 WOE 趋势图 I

因此，我们会用改变分组的方式来把递增或递减的趋势找出来。如表 12-2 所示，可以通过不同的分类方式不仅让 IV 值提高到 0.066，还能将 WOE 的趋势性显现出来，如图 12-2 所示。

表 12-2　学历分组 II

受教育程度	高/人	低/人	小计/人	高学历占比/%	低学历占比/%	异常率/%	WOE	IV
初中及以下	1 705	290	995	5.1	8.1	14.5	−0.473	0.014
高中、中专、技校	10 296	1 412	11 708	30.6	39.6	12.1	−0.257	0.023
大学专科	13 780	1 254	15 034	41.0	35.2	8.3	0.153	0.009
大学本科及以上	7 831	608	8 439	23.3	17.1	7.2	0.312	0.019
合计	33 612	3 564	37 176	100	100			0.066

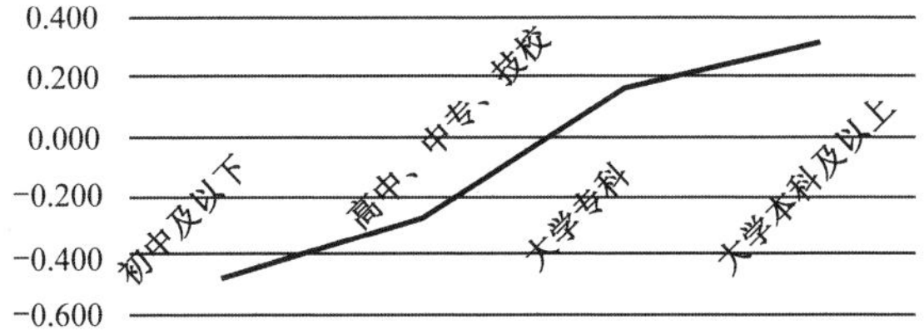

图 12-2　学历 WOE 趋势图 II

按照以上的原则与方法，我们就可以用找出的短变量列表中的字段开始建模。

第四节　模型建立与验证

依据上节的字段筛选原则找出了IV值符合标准（至少大于0.02），以及每个字段的分组都能呈现单调递增或是递减的趋势。若其中有些分组出现折点的情况（趋势不明显），但业务部门或第一线审查人员能够给出合理的解释，或是金融单位为了某些观察或监管，都可以将不符合标准的字段加入短变量列表中作为建模的参数，如表12-3所示的原始资料。

表12-3　原始资料

9	0	1 000	30	女	高中、中专、技校
10	0	1 000	30	男	高中、中专、技校
11	0	1 000	30	女	高中、中专、技校
12	0	1 000	30	男	初中
13	0	1 000	30	女	大学本科
14	0	1 000	30	男	大学专科
15	1	1 000	30	男	高中、中专、技校
16	0	1 000	30	男	高中、中专、技校
17	0	1 000	7	男	初中
18	0	1 000	30	男	高中、中专、技校
19	0	1 000	30	男	大学本科
20	0	1 000	30	男	高中、中专、技校
21	0	1 000	10	男	初中
22	0	1 000	30	男	高中、中专、技校
23	1	1 000	30	男	高中、中专、技校
24	0	1 000	30	女	高中、中专、技校

续表

25	0	1 000	30	男	高中、中专、技校
26	0	1 000	30	男	大学专科
27	0	1 000	30	男	大学专科
28	0	1 000	30	男	大学专科
29	1	1 000	7	男	大学专科

接下来，就是将每个参数根据字段分组里面的分类方式，分别把原始数据换成分组的定义，例如“500～1 000”“≤12”“男”“初中及以下”，如表 12-4 所示。

表 12-4　分组数据表 I

9	0	500～1 000	>24	女	高中、中专、技校
10	0	500～1 000	>24	男	高中、中专、技校
11	0	500～1 000	>24	女	高中、中专、技校
12	0	500～1 000	>24	男	初中及以下
13	0	500～1 000	>24	女	大学本科及以上
14	0	500～1 000	>24	男	大学专科
15	1	500～1 000	>24	男	高中、中专、技校
16	0	500～1 000	>24	男	高中、中专、技校
17	0	500～1 000	≤12	男	初中及以下
18	0	500～1 000	>24	男	高中、中专、技校
19	0	500～1 000	>24	男	大学本科及以上
20	0	500～1 000	>24	男	高中、中专、技校
21	0	500～1 000	≤12	男	初中及以下
22	0	500～1 000	>24	男	高中、中专、技校
23	1	500～1 000	>24	男	高中、中专、技校
24	0	500～1 000	>24	女	高中、中专、技校
25	0	500～1 000	>24	男	高中、中专、技校
26	0	500～1 000	>24	男	大学专科
27	0	500～1 000	>24	男	大学专科
28	0	500～1 000	>24	男	大学专科
29	1	500～1 000	≤12	男	大学专科

接下来，就把其中的分组变量分别代入相对应的 WOE 值，即把“500～1 000”替换为-0.178，把“≤12”替换为 0.318，把“男”替换成-0.07。最后，再把“初中及以下”替换成-0.473，其中第一栏的 0、1 代表的是违约与否的变量，即 0 代表不违约而 1 代表违约，也就是我们最后要代入逻辑回归（Logistic Regression）中的 *Y* 值，如表 12-5 所示。

最后，逻辑回归的结果如表 12-6 所示，其中原本有 4 个字段加入回归分析，但最后系统只选出 3 个最有影响力的参数，并且取得截距与各项字段的系数，接下来，就可以根据评分换算的方式及建构评分卡的方法求出各个断点的分数。

表 12-5　分组数据表 II

9	0	−0.178	−0.052	0.303	−0.257
10	0	−0.178	−0.052	−0.07	−0.257
11	0	−0.178	−0.052	0.303	−0.257
12	0	−0.178	−0.052	−0.07	−0.473
13	0	−0.178	−0.052	0.303	0.312
14	0	−0.178	−0.052	−0.07	0.153
15	1	−0.178	−0.052	−0.07	−0.257
16	0	−0.178	−0.052	−0.07	−0.257
17	0	−0.178	−0.318	−0.07	−0.473
18	0	−0.178	−0.052	−0.07	−0.257
19	0	−0.178	−0.052	−0.07	0.312
20	0	−0.178	−0.052	−0.07	−0.257
21	0	−0.178	−0.318	−0.07	−0.473
22	0	−0.178	−0.052	−0.07	−0.257
23	1	−0.178	−0.052	−0.07	−0.257
24	0	−0.178	−0.052	0.303	−0.257
25	0	−0.178	−0.052	−0.07	−0.257
26	0	−0.178	−0.052	−0.07	0.153
27	0	−0.178	−0.052	−0.07	0.153
28	0	−0.178	−0.052	−0.07	0.153
29	1	−0.178	0.318	−0.07	0.153

表 12-6　逻辑回归的结果

参数	自由度	估计值
截距（Intercept）	1	−2.244 2
金额（Amount-WOE）	1	−0.728 2
性别（Gender-WOE）	1	−0.868 0
学历（Education-WOE）	1	−0.827 9

根据得出的结果可以列出以下的式子：

Y=−2.244 2−0.728 2×（Amount−WOE）−0.868 0×（Gender−WOE）−0.827 9×（Education−WOE）。接着，我们要求出公式 Score=A+B×ln（Odds）中的 A、B 才能定义出 Score。因此，我们假设 Base Score（BS）为 600，Base Odds 为 50，PDO 为 20 时，则可以求出 B=20/ln（2）=28.9，A=600−B×ln（50）=487.1，所以可以把公式转换为 Score=487.1+28.9×ln（Odds）。再根据逻辑回归方程式，Odds 等于各项变量的 WOE_i 及相对应的系数 β_i 及截距 α 的组合。根据计算可以得到以下分数尺度公式：Score=A+B×{Σ（WOE_i×β_i）+α}。最后就可以求出每笔交易的 Score，再根据这些分数统计出 0（Good）/1（Bad）的个数，接下来就可以区分级距了，如表 12-7 所示。

表 12-7　级距表

	好（Good）	坏（Bad）
530～540	5 342	974
540～550	9 221	1 074
550～560	10 848	967
560～570	6 409	451
570～580	1 638	94
580～590	154	4

接下来，按照公司的授信政策及赢利目标，即可设定现金贷的个人信用评分，例如，几分以上的申请者可以贷款，几分以下的申请者予以拒绝。

第十三章

催收框架

对于金融服务公司而言，各类信用借贷产品不仅为其带来了源源不断的现金流收益，而且还不可避免地带来了与收益相对应的潜在损失。这类违约损失通常包括贷后欺诈、逾期及核销等。相较于国内，西方金融机构的催收工作已实现数字量化驱动，为了及时高效地减少违约损失，大部分西方金融服务公司往往会投入大量的资源来组建催收管理部门，搭建催收管理系统，借助催收模型和催收策略来优化催收手段和话术，合理配置催收人员。催收管理作为风险控制管理流程的最后一环，不仅可以直接减少机构违约损失，还可以通过控制机构违约率间接扩大机构的目标人群，即所谓的“放松业务口”，从而使金融机构在激烈的市场竞争中处于领先地位。

目前我国金融服务机构的催收管理工作还处在刚刚起步的探索阶段，各机构催收业务的模式和内容差别较大，未形成成熟的管理模式。因此，本章将以西方金融市场中的标准化催收管理流程为主要出发点和落脚点，详细内容介绍如下。

（1）催收管理流程，包括催收的不同阶段、催收机构的构成，以及相关概念。

（2）催收管理系统。

（3）催收模型系统，主要包括业务背景、常用建模算法及模型评测。

（4）催收策略系统，主要包括催收策略的制订和执行。

第一节　催收管理流程

想象一下，一个没有催收部门的信贷产品，可以省下一大笔费用。你肯定要做的调整就是更谨慎地选择你的进件客户，比如，只选择风险评分最高（风险最低）的那部分客群，但这样会大大减少你的目标客群、进件数及核销率，同时也会影响你的赢利，因为你无法有效获得大量优质或边际优质的客户。你愿意只做一个大市场中的小玩家，眼看你的竞争对手迅速扩张吗？

一个拥有强大催收能力的信贷机构可以在市场上取得明显的竞争优势，因为其可以接受较高风险的客户，也就是说，它可以在一个高度竞争的市场中深挖潜在商机。

有创新意识的信贷机构，尤其是处于迅速拓展期的信贷机构，把催收视为赢得商机及竞争优势的机会。信贷业务发展的原动力之一就是为了拓展你的资产，因此，你必须做好增加逾期资产的准备。这就意味着增加并训练催收员，计划部署相应的技术资源支持，在市场推广及获客计划实施前，提前准备好相应资源。因此，拓展新业务前充分准备好催收资源至关重要，尤其是当你涉足高风险目标市场的时候。

逾期资产和整体资产存在一定区别，具有如下特点：

（1）对于管理非逾期资产来说，人工介入是一个例外，而管理逾期资产的核心是人工介入，相对的成本也较高。

（2）逾期客户还款的概率高低取决于催收阶段的催收动作。

（3）由于催收效果高度依赖于人，高效的管理和团队可以带来高效的催收效果。

催收过程到底有多重要？在美国，对于信用卡资产来说，当一个账户进件后，催收及核销成本占据近 90%的运营成本。正是因为这个原因，哪怕相对较小的催收表现变化，也可以对利润带来较大的提升或恶化效果。由于催收对整体资产利润的杠杆作用，催收在信贷业务中的核心地位就不难理解了。

根据逾期的发展方向，金融服务公司对客户的催收管理流程通常可以划分为如下几项：

- 逾期预防。
- 逾期早期催收。
- 逾期中期催收。
- 逾期晚期催收。
- 核销。
- 资产清收。

逾期是指借款合同约定到期仍未归还贷款的行为。

逾期预防通常是催收管理流程的第一阶段，该阶段主要针对目前尚未逾期但有较大逾期风险的客群，催收策略主要以间接“提醒”为主。逾期预防催收可以大幅度降低金融产品逾期率，加速余额回款。

逾期早期催收是整个催收管理流程中最为重要的一个阶段，该阶段主要针对轻度逾期客户。轻度逾期的定义会因金融产品和机构的不同而略有不同。对于美国信用卡类的金融产品而言，轻度逾期通常是指应还款项逾期 1～2 个周期，即为 30～89 天。该阶段的催收客群和催收策略主要有以下几个特点：

（1）客群量大。以信用卡类产品为例，通常有接近 13%的客户在一年内会发生逾期行为。

（2）回款率高。大部分的轻度逾期客户核销风险并不高，有 70%左右的客户会自行还款回归未逾期状态。这些客户并非恶意拖欠，大部分人是因为忘记还款日或临时出现了资金紧张，一旦经过催收提醒，这部分客户的待还款项会很快回款。

逾期中期催收主要针对应还款项逾期 3～4 个周期的客户，即为 90～119 天。该阶段的逾期客群核销风险较高，回款率相较于轻度逾期客群大幅度降低。一般来说，中度逾期客群中有 60%的客户会拖欠至重度逾期。逾期中期的催收策略主要以人工电话催收和邮件为主，催收话术也较为严厉。

逾期晚期催收主要针对应还款项逾期 5 个周期以上的客户，即为 120 天以上，即重度逾期。该阶段的逾期客群中有 90%的逾期账户最终会被核销。一般来说，这个阶段有以下几个特点：

（1）客群量小。重度逾期率是一个金融机构风险管理水平的最直接体现。重度逾期率越高，表明该机构的风险管理能力越弱。如果重度逾期客群太大，那么金融机构本身经营管理能力也有待商榷。

（2）回款率极低。一般来说，逾期至重度逾期的客户都是没有还款意愿或者没有还款能力的人。没有还款意愿意味着恶意拖欠，客户主观上不还款，没有还款能力意味着客户可能有心无力。

核销对于客户而言意味着丧失再次使用该金融产品的权利，对金融机构而言，则是 100%损失的代名词。一般来说，美国信用卡公司会把逾期超过 6 个周期，即 180 天以上的待还款项标记为核销损失。在此阶段，客户仍然有责任归还应还款项及相应的逾期费用，因此，金融服务公司仍会对核销资产进行催收，这一阶段被称作资产清收（Recovery），即尽可能多地“挽回”已经变核销的损失。一般来说，资产清收阶段，第三方催收机构的参与度会比前几个阶段多得多。

逾期资产更简单的分类方式是把逾期资产分为早期和晚期/重度逾期两个阶段。这种分类方式在美国大型的信贷机构较为普遍。以图 13-1 为例，我们看一下催收流程并定义一下相关的字眼。

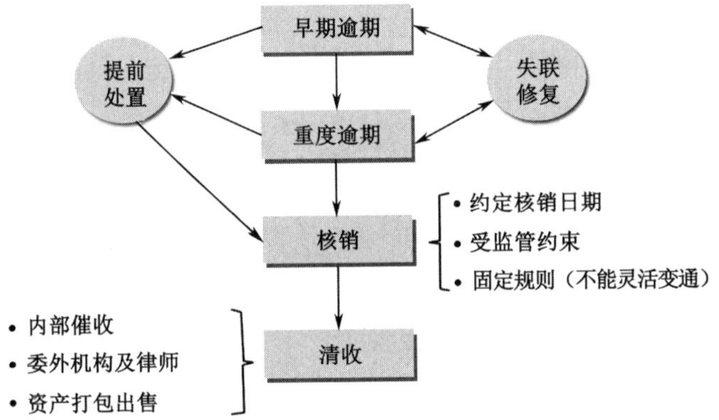

图 13-1 催收流程

来源：*Managing A Consumer Lending Business, 2nd Edition*, David Lawrence and Arlene Solomon, Chapter 7 Collection Strategies, Page 134

在美国信贷市场，经常会使用医学专用术语“患者鉴别分类”（Triage）来描述早期催收行为。在自然灾害及战争中，病人通常被医生分为三类：中等程度受伤，不需要马上救治也可以存活的病人；不论如何抢救都不会存活的病人，以及如果救治及时尚可存活的病人。有效的医疗措施就是把精力最先集中在第三种类型的病人身上。

同样的概念适用于早期逾期的信贷客户。因为早期逾期的账户数量大，需要将高风险及低风险的客户区分开来。这个概念同样可以应用在未逾期客户群体上，将客户分为高风险及低风险类型。需要区分的是：①不采取任何催收动作就会还款的客户。②没有任何还款意愿的客户。③不采取催收动作不会还款但可以被说服的客户。催收资源应当投入到最后一个类型的客群上。

催收流程会随着早期逾期账户移动到下一个逾期阶段发生变化。对信用卡及分期类产品而言，通常我们把下一个逾期阶段叫作重度逾期。理想情况下，我们希望重度逾期相对早期逾期的占比不超过 10%。但进入重度逾期阶段的账户已经有超过 2 次以上的迟付记录了。这类客户的催收会非常困难，因为他们大多数缺乏还款能力和还款意愿，至少他们没有办法偿还所有债权方的欠款，因为他们没有足够的资金。一般有 50%～60%，甚至更多的重度逾期账户最终会变核销。任何信贷产品都必须有明确规定的核销规则。在美国，政府机构是通过明确银行核销记账方法来管理银行的（比如，信用卡发行方通常将核销定义为超过 180 天逾期。而其他一些信贷产品的核销判断标准范围为 2～14 个月逾期，但多数情况下是在 120～150 天逾期区间内）。

但是，在账户变为核销的数月甚至数年后也有可能收回小部分的欠款。在账户变为核销后收回的欠款部分被称为资产清收。清收的发生通常是通过信贷公司内部催收部门、外部律师及第三方催收机构，或资产包出售（由第三方专注进行不良资产处置的公司接手）实现的。提前处置（Early Out）是指根据风险加速逾期账户由一个催收阶段进入另一个催收阶段的行为。比如，把一个仅有 45 天逾期的账户交由律师处理。最后，关联修复（Skip Trace）指的是查找、补全信贷机构联系不上的客户信息的过程。

这只是一个催收全景的大概描述。我们会在接下来的章节中详细介绍催收管理系统、模型及策略搭建，以及催收的绩效标准设定。

第二节　催收管理系统简介

与催收管理流程相对应的是金融机构内部各催收职能部门的设立。根据职能的不同主要分为催收分析部门和催收服务部门。

（1）催收分析部门：包括催收建模部门和催收策略部门。主要负责为不同的逾期人群构建催收模型，制订相对应的催收策略。

（2）催收服务部门：负责具体催收行动的实施，通常包括电话催收中心和法务部门等。

催收分析部门主要包括催收建模部门和催收策略部门。催收模型部门是从量化建模的角度出发建立催收模型，基于违约人群的历史行为，数据量化潜在违约客户在未来一段时间内违约的风险程度；催收策略部门是基于催收模型系统的输出及其他相关信息制订差异化的催收手段，从而最大限度地提高回款率，节省催收人力成本，挽回潜在的客户流失。催收模型部门和催收策略部门相辅相成，两者缺一不可。

催收服务部门包含了整个催收管理系统中最前沿的职能部门，通常包括电话催收中心和法律服务部门等。

第三节　催收模型系统

催收策略制订通常围绕如何在资源有限的条件下，优化催收资源配置，使得收益最大化，风险损失最小化。此处的收益既包括经济收益，如待还款项的回款率和核销率，也包括其他收益，比如，客户满意度、产品/公司品牌形象满意度和客户流失率等。催收模型系统的构建为催收流程的优化提供了量化支持，是科学化催收策略的基础。通过催收模型量化目标客群的逾期风险，可以有效地筛选出高风险客群，为后续差异化、多元化催收策略的制订和实施提供合理的技术支撑。

以美国信用卡行业为例，催收模型系统的构建通常是以客群逾期时间长短为基准，也就是和催收管理流程挂钩。模型的搭建紧紧围绕催收客群和催收业务展开，一般来说催收模型系统包括以下几项：

（1）逾期前（Pre-delinquency）风险评估模型。该模型主要针对逾期预防催收业务，以过去某段时间内没有逾期行为的客群为建模型样本，评估并预测客群在未来一段时间内会不会产生逾期行为。该模型主要以客群的历史消费和还款等数据为预测数据。

（2）早期/中期/晚期逾期（Early Stage/Middle Stage/Late Stage）风险评估模型。这三个模型的主要区别在于目标客群不同。Early Stage 主要针对轻度逾期客群，即应还款项最大逾期天数为 30～89 天的客群；Middle Stage 主要针对中度逾期客群，即应还款项最大逾期天数为 90～119 天的客群；

Late Stage 主要针对重度逾期客群，即应还款项最大逾期天数为 120 天以上的客群。这三个模型旨在预测客户未来一段时间内逾期滚动至更严重程度的概率。模型中一般会用到客群的历史消费、还款记录及信贷产品相关行为数据等。

（3）核销评估模型。该模型主要是为了预测重度逾期客群在未来一段时间内会不会出现核销行为。

（4）资产清收（Recovery）风险评估模型。该模型主要服务于核销客群，预测客群的还款意愿及最适合的催收手段。催收手段一般包括自主催收、第三方机构催收及诉讼催收等。资产清收模型不仅包括客群的历史消费和还款等数据，还包括历史的催收行为及催收效果等变量。值得注意的是，历史催收数据的应用应该格外小心，否则很容易掉入数据陷阱。

总的来说，催收模型的预测可以简化为两类预测问题，即预测“是”或“否”。针对不同的客群，预测客群在未来一段时间内是逾期还是不逾期，是核销还是不核销等。这种类型的问题通常利用分类模型来处理。美国信用卡公司中使用最广泛的是逻辑回归（Logistic Regression）。相较于其他分类模型，逻辑回归有着天然的优势。

（1）形式简洁：模型形式为线性可加模型。

（2）解释性强：模型变量和目标量线性相关。从业务角度来说，更容易理解客群行为。

（3）潜在风险低：正是因为逻辑回归模型有很强的解释性，可以使我们非常容易地理解模型中的运算机制，避免很多未知的风险等。

逻辑回归模型的诸多优点使得它被广泛应用于各金融服务机构的模型系统。但随着机器学习算法的逐渐成熟和发展，很多金融服务机构也开始将机器学习领域中的分类算法应用到实际业务场景中，催收业务也不例外。在机器学习领域中，催收模型的分类算法常用的有随机森林、梯度提升类模型（如 GBDT 和 XGboost 等）和神经网络类模型等。有兴趣的读者可以参考相关资料，在此不再详述。但需要注意的是，由于机器学习模型在解释性上远逊于逻辑回归模型，因此，综合应用 Cross Validation、Out-of-Bag Validation 及 Out-of-Time Validation 等样本检验方法来验证模型的稳定性，就显得尤为重要。近年来，有相关专家引入蒙特卡洛模拟和 Lasso 等方法来对机器学习模型进行解构，在解释特征对模型的作用方面也收到了不错的效果。

催收模型基于客群的历史行为预测客群未来会不会产生某种程度的逾期行为，将其转换为模型的语言，即为预测客群未来有某种程度逾期行为的概率，概率值越大表明出现该种行为的可能性越大，风险也越大。这种单调相关关系也是催收模型效能评测的理论基础，相关的评测指标也主要是从如何量化和解释单调相关入手，具体包括以下两方面。

（1）量化角度：分类模型通常以 K-S，Concordant C，AUC 指标，以及目标客群抓取率等指标衡量模型效能。这些指标均以量化模型区分目标客群和非目标客群的能力为落脚点，一般来说，以上指标值越大，表明模型的区分能力越强。

（2）业务角度：主要评测模型系统的构建是否与催收业务相关，比如，模型变量是否反映业务逻辑，模型变量和逾期行为之间的相关关系是否符合常理等。业务角度的模型测评要求建模人员对催收业务有一定的了解。

在建立催收模型时，对催收数据的清洗需要格外注意，因为与催收相关的表现数据更容易受到人为因素的干扰，尤其是在一般情况下，催记都是由文本进行记录，这与申请评分或行为评分中直接的还款表现数据不同，尤其在一些复杂的催收模型中更要注意。

值得一提的是资产清收类风险评估模型。近年来，越来越多由处置核销客户转变为处理早期逾期客户，通过评估客户被采用不同催收手段时的还款意愿的差别，以及金融公司催收人力限制等，结合本章第四节中的催收策略，对用户催收进行更加科学的管理。与其他的催收风险评估模型不同的是，资产清收类风险评估模型需要额外考虑不同催收手段下，用户回款的可能性。将催收手段引入模型一般有两种方法：

（1）虚拟化。将催收手段转化为一个或多个二元虚拟变量（Dummy Variable），二元变量引入模型后可以用来预测实施不同催收手段后用户的回款情况，这种方法的优点是工作量较小，但是在采取一般的逻辑回归时，同一个催收手段对于不同客户的作用是一样的，这其实与实际情况是不相符的。为了改进这一情况，需要采用不同函数形式的模型，这里不做过多的讨论。

（2）客户分组。根据采用不同催收手段的历史样本分别建立样本，这种方法的优点是，即便采用一般的逻辑回归，同一个催收手段对不同的用户的作用也是不同的，但由于需要分组建立模型，工作量将会相应的增加，需要额外的人力及时间投入。

同时，不同催收手段的资产清收类风险评估模型另一个特殊的地方是，每个用户都有一个向量输出（多个数值输出，即在不同催收手段下的回款概率），而不是像一般模型的单一数值输出。在这种情况下，为了应用或发挥模型的作用，还需要进一步根据实际的业务情况求解一个在催收资源受限情况下的最优化问题（见本章第四节催收策略举例）。

第四节　催收策略系统

一、开发催收策略

开发催收策略通常是风控经理的任务，而执行催收策略是催收经理的职责。两者的关系与“瞄准”——催收的策略开发、“射击”——催收的策略执行两个动作非常类似。

催收过程会涉及很多决策部分：

✓ 联系谁？何时联系？

✓ 人工催收何时介入？（逾期 10 天时，逾期 45 天时）

✓ 如何联系？（电话？短信？邮件？电子邮件？）

✓ 如何区分低风险和高风险客户？

1．联系谁？何时联系？

早期逾期的客户，指那些只有一两次延迟付款记录的客户，也是逾期资产的主要组成部分。当早期逾期账户数很高时，很大一部分账户通常不需要外部干涉就会还款，因此，早期逾期的催收策略如图 13-2 所示。

（1）集中精力对还款可能性最低的账户进行催收。

把催收资源用在最有可能还款客户上会产生诸多负面结果：一是时间和金钱上的浪费；二是对优质客户造成的体验影响；三是对催收资源的稀释——没有把催收精力投入到需要人工介入的逾期资产上。

确认所需采取行动

战略决策

- 如何对逾期账户排序采取不同的催收动作？
- 催收流程如何？
- 应采用哪些还款方式？
- 如何在信贷机构内部进行分工？
- 组织架构是如何设定的？
- 战略目标是什么？

实施/部署

战术责任

- 最大化第一方接听率（First-party Contacts）
- 最大化还款账户数及金额

图 13-2　催收策略

来源：*Managing A Consumer Lending Business, 2nd Edition*, David Lawrence and Arlene Solomon, Chapter 7 Collection Strategies,Page 136

（2）对逾期 60 天以上的账户、三次或更多次还款出现逾期的账户，乐观地讲，体量会相对较小；不乐观地讲，绝大多数此类账户在没有人工催收介入的情况下都不会付款。因此，晚期逾期的催收策略必须将精力集中在最有可能还款账户上。如果不这么做就会带来相应的负面结果：

a. 在不可能还款的逾期账户上浪费大量的时间和金钱。

b. 催收团队因不能完成任务而感到沮丧，从而降低催收动力。

c. 催收资源被稀释。因为无法将催收精力集中在需要人工介入并带来财务收益的资产上，所以将催收资源进行稀释。

将催收精力投入到早期逾期资产中最不可能还款的逾期账户上，在晚期逾期资产中最可能还款的逾期账户上，尽管符合逻辑但并不是传统催收机构运营的方式。我们来看一看大多数催收机构在今天是如何运作的。

图 13-3 展示了按逾期深度排序的逾期账户数目。首先，来解释一些图中的概念。第一个柱体展示的是逾期 1 期的账户数，即逾期 1～29 天的账户数目，也就是一次还款逾期的账户数。最后一个柱体展示的是核销的账户数。催收投入指的是在账户被核销之前银行为获得还款付出的努力。清收指的是当账户被核销之后银行为获得还款付出的努力。

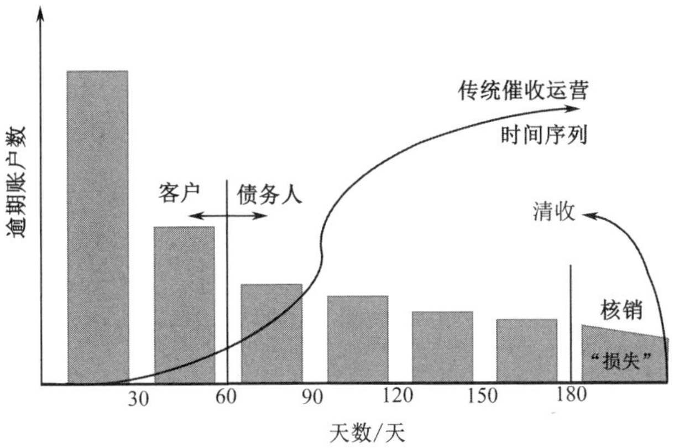

图 13-3　传统催收运营

来源：*Managing A Consumer Lending Business, 2nd Edition*, David Lawrence and Arlene Solomon, Chapter 7 Collection Strategies,Page 138

根据图 13-3 显示，早期逾期账户数目随着逾期深度的增加而迅速减少，但进入晚期逾期状态后呈平缓下降趋势。在晚期逾期阶段，不良资产主要是由没有还款能力及还款意愿的人组成。在某个节点上，通常是当账户达到逾期 60 天（3 次还款延迟）的时候，出借方会将账户所有人视为债务人而非客户。此时，出借方应当将催收目标从收回逾期欠款调整为收回该笔债务的全部余额。对于抵押类贷款而言，出借方可警告借款人逾期的严重结果，比如，可能对抵押资产（如汽车、房产等）进行处置。

图 13-3 中的曲线反映的是信贷机构在催收逾期金额过程中普遍花费的精力（换句话说，是指逾期客户在被催收过程中感受到的压力）。在最初期的逾期阶段，多数出借方采用经验最少的催收员。每个催收员所承担的逾期账户高达 1 000～2 000 个，因为通常催收员只需要点到为止。然而在账户即将面临核销时，同样的信贷机构会为深度逾期资产分配经验最丰富的催收员，并为每位催收员分配较低的催收账户数量（如 250～350 的区间），同时赋予催收员更多的谈判权限。

从信贷机构的角度讲，这种安排很符合逻辑。现在，我们从客户的角度来看一下这个问题。

当客户陷入财政困境时，通常会影响到其多个信贷账户，这会导致多个信贷机构的催收电话。有些人会收到房贷催收电话，水电煤账单的催收电话，信用卡、医疗账单、助学贷款、信用分期贷款，甚至税收部门等多个债权人的催收电话。此外，当有多笔贷款的客户陷入经济困难时，他们会有意识地产生一个还款优先级：哪些先付，哪些最后付，哪些干脆不付。但客户是何时做出还款或忽略不还款的决定的呢？由于账单通常是每月到期，当客户出现还款困难时，通常被迫要在资金短缺的30天之内做出决定。客户至少在脑海里会迅速将账单分类为“付款类”或“忽略类”。对于催收人员来说，当客户已经做出决定后，说服客户优先偿付自家债务的难度要远远大于客户还没有做决定之前。综上所述，我们可以得出催收业务的两个重要原则：

a. 催收是竞争性非常高的行业，赢家必须提升客户的还款优先级。

b. 你必须在第一时间接触到客户，影响他的还款决策。

每个客户都有自己的还款优先级排序。美国大型金融服务机构曾在线下论坛做过问卷调查：“作为借款客户，你会先付什么账单？”大多数人会毫不犹豫地选择住房贷款，后面的排序略有不同，通常来说，税务排名靠前，与车贷和水电煤的排名接近。医疗和牙齿治疗账单通常排在末尾，排名类似的还有助学贷款。信用卡通常排在中间的位置，但当客户拥有多张信用卡时（大多数人拥有多张信用卡，每个美国家庭平均持卡数目为4张），其中一张卡的还款优先级较高，而其余的较低。通常客户是明白至少要保留一张常用卡的重要性的，除了满足日常生活开销外，当旅游出行及有不时之需时也会有帮助。

尽管以上的排序具备代表性，但也总会有特例存在。比如，在美国经济危机之后，经济环境和信贷环境收紧，信用卡的排名和住房贷款类似。但当情况好转后，其排名极有可能恢复之前的状况。住在一线城市的客户，如纽约或旧金山，可能把车贷排在最后，因为公共交通非常方便，成为私家车的有力替代品。但住在三四线城市的客户，由于公共交通不够便利，没有车寸步难行，每户可能会有 2 辆车（夫妻各一辆），因此此类城市的车贷付款率极高。有些人会认为不付房贷，可以付很多其他账单。在海外，排序又有不同，比如，在哥伦比亚，税收排在末尾，医生排在首位。当然，答案并不是固定的。当人们遇到财务危机时，内心自有一套优先级排序机制。作为信贷机构，你要实时提醒自己，只有很短的时间让你接触客户，通过催收技巧说服客户将你作为最高还款优先级，从而和你的竞争对手区别开来。

催收的干预程度可以由逾期长短和风险等级两个维度判别。传统催收方式是基于时间维度的，随着逾期程度的加深，催收力度随之加大。逾期笔数也决定了下一个催收动作的落地。通常，在账户变核销之前赋予催收员的催收工具及采用的催收力度是最大的。

既然所有的核销客户都是由逾期 1 期（Bucket1）不断滚转来的（破产及死亡等特殊情况除外），基于风险维度的催收方式会更为有效。

2．区分高低风险账户

基于风险维度的催收流程，第一步是对逾期资产进行划分，对高风险账户进行加速处理。针对自愈和需要人工干预账户的区别，既可以由经验判断，也可以由模型评分判断，但模型判断的准确度是经验判断不可比拟的。一些早期的指标对于判断高风险账户非常有效。

（1）信用评分或催收评分较低。

（2）新户（进件不满 6 个月）有 1 到多次逾期记录（尤其是首次还款逾期客户）。

（3）信用额度用尽或超额。

（4）失联（逾期后 7～10 天内无法联系到）包括周末及下班时间。

（5）一次或多次悔诺或没有付款允诺。

（6）邮件退回。

（7）高额提现行为，尤其是新户。

高风险客户一般分配给最好的催收员或直接委外，当风险足够高的时候，会寻求司法途径解决。催收策略是基于上一个催收动作的结果，而不只是基于时间，比如，当客户明确表示不会付款或已经言语激烈，更多的电催动作也不会带来任何回款。但通常的催收运营是等账户进入下一个逾期阶段时再增加催收力度。可对于信贷机构而言，等待要付出相应的成本。高风险的账户，不论逾期程度如何，都应当第一时间进行处理。当客户触达足够早的时候，才有机会改变客户的想法，取得回款的主动权。

3．催收评分

通用型评分（Generic Score）或定制化评分（Custom Score）都可以用来区分高风险逾期账户。通常情况下，催收评分是基于用户过去的还款行为和人口学特征等开发出来的。对于进入催收流程的逾期账户来说，除了考虑客户本身的特征外，如果能够将针对客户的催收动作及结果纳入考虑范围内的话，还可以提升催收评分的准确度及区分度，但将催收因素纳入评分模型是非常复杂的过程。

现存的自动化催收软件（可运行自动外呼系统的软件系统）被用于支持传统的基于时间维度的催收流程，但其使用阻碍了催收评分的应用，因为此类软件很难将高风险账户从基于逾期程度的分组里剥离出来进行加速处理。市场上有一些复杂的催收系统，但由于其操作上的限制，催收评分在应用层面并不够完善，复杂度也不高。如今，占主导地位的催收评分应用是在逾期的前 30 天内将需要人工介入的账户进行排序，而 30 天之后的催收流程及手段大同小异。

早期逾期账户进行风险划分及催收力度匹配表（简表）详见表 13-1。

表 13-1　早期逾期账户进行风险划分及催收力度匹配表（简表）

损失预测模型	还款意愿评分模型	逾期时间			
		M1	M2	M3	≥M4
低损失	低意愿	轻	中	重	委外
	中等意愿	无	轻	中	委外
	高意愿	无	无	轻	重
中等损失	低意愿	中	重	重	委外
	中等意愿	无	中	重	重
	高意愿	无	轻	中	重
高损失	低意愿	重	重	重	委外
	中等意愿	中	重	重	重
	高意愿	中	中	重	重

4．如何进行催收中心选址

大型催收机构可以选择催收网点的数目、大小及地点。选址是一个策略决策，会影响到催收运营的成本及效果。有观点认为，催收网点应本地化，即选用与催收客群相同口音的本地催收员达到的催收效果要优于选用口音不同的外地催收员。但我们的研究表明，这些所谓的优势微乎其微，并没有可以量化的证据。

一个重要的决定是要建立几个催收网点。当只有一个催收网点时，由于避免了人员及设备的重复，所以成本可控。同时单一催收网点使管理更为容易。另外，多个催收网点也有其特有的优势。

（1）可以在不同的催收网点之间进行良性竞争（当然，仅有一个催收网点也可以在内部进行分组，分配近似的账户给内部小组，对比其业绩）。

（2）当一个网点出现问题时，随时有备援方案（类似数据库的灾备方案）。

（3）可将一类催收账户集中在一个网点，使其他催收网点不用分散精力进行多类账户的催收管理及运作，例如可以设立失联修复管理部等具有特殊职能的部门或网点，减轻其他网点处理过多业务的压力。

（4）当地理区域跨越几个时区时，多个催收网点可以让催收员在正常工作时间内对或早或晚的时区进行催收。比如，美国西海岸有一个催收中心的价值就是可以在西海岸的正常工作时间内对东海岸或中西部的逾期客户进行晚间黄金时段的催收。

其他关于催收网点地理位置的考虑包括：

（1）避免选择催收网点、电话营销网点或客服中心集中的区域（尽管催收员会比较充裕，但流失率及薪酬竞争会成为问题）。

（2）选择有高校的区域可以保证有好的人力资源供给，但同时流失率也会上升。

5．海外外包

某些公司会尝试海外外包模式以降低整体催收成本。尽管我们没有硬性的数据支持，但从整体而言，实施海外催收外包的公司在账面上节省了约 15%的成本（主要为人工成本），但与内部催收团队的表现相比，以小时计的催收效果至少降低了 20%。大多数海外外包团队在催收表现上比内部催收效果差的同时，还要面临诸如语言、文化、劳动力饱和以及缺乏有效管理的问题。尽管海外外包团队对于早期逾期的低风险客户的催收效果较好，但当逾期客户表示不付款时，催收表现整体不理想。海外催收公司较为强调技术能力而非人际交往 / 沟通能力的培养。

6．衡量结果

催收规划的另一重要步骤就是衡量的标准。如何预测逾期及核销水平？如何衡量催收表现及效率？

二、预测逾期及核销

风险管理的终极衡量标准即计算过去、现在及更重要的将来的损失占贷款余额的比例。越能尽早地预测未来损失，越有机会采取措施影响结果。这一点在预测损失高于预期值时显得尤为重要。预测资产表现，即未来损失的一个重要工具就是追踪逾期账户在每个逾期阶段的流转情况，直至变为核销，然后，利用历史数据预测未来。这个流程被称为净流动预测（Net Flow Forecast），或滚动率（Roll Rate）。表 13-2 展示了此预测工具的工作原理。

表 13-2　净现金流

				逾期资产/千元		
月份	总额/美元	非逾期/美元		30～59/天		60～89/天
1月	792.7	548.8	34%	188.2	9.6%	20.2
2月	816.3	567.2	29%	186.6	8.7%	18.0
3月	830.7	595.8	31%	165.4	9.8%	16.2
4月	849.3	602.3		186.2		16.2
5月	859.4	606.7				

1．滚动率

滚转率是指账户余额（或数量）从一个逾期阶段“滚动”到下一个逾期阶段所占的百分比。如表 13-2 所示，从非逾期到 30～59 天逾期，在过去 3 个月的平均滚转率为 30%（1～2 月为 34%，2～3 月为 29%，3～4 月为 31%）。从 30～59 天逾期到 60～89 天逾期的平均滚转率略高于 9%。这些历史滚转率可以用来预测未来的逾期资产情况。比如，我们可以预测 30～59 天逾期的资产在 5 月会达到 1.8 亿元，基于以下假设：4 月 30%的非逾期资产将会在 5 月进入 30～59 天逾期阶段（30%×602.3=180.7 元）而且，60～89 天逾期资产大概为 9.5%×186.2=17.7 元。当我们进行预测时会依赖历史数据，并把现在的实际情况纳入考虑范围（如在美国，每年 4 月为退税月，人们会得到退税款，手头会有额外的资金可以进行偿付），同时也会借鉴自己或催收经理的个人经验。如果以此来进行逾期资产预测，滚转率的确是预测整体核销率（长至 6 个月后）的合理方法。

但滚转率作为衡量标准及预测因子也存在一些局限。这种预测方法只是利用了过去表现的算数平均值，并加入了对未来情况的一些假设，但此方法并不能预测基本的经济变化，或申请破产保护的用户数，或市场部门几个月前对目标客群的调整。其造成的影响可以通过“同期账户”（Vintages）的业务分析方法来避免，即对使用相同信用审核标准、在相同的地区和时间里获得的账户进行预测。采用“同期账户”的分析方法可以判断产生问题的源头，比如是来自3个月前市场部针对高风险潜在客户开展的电话营销活动等。

2．迁移报表（Migration Report）

一个更有意义的策略及运营衡量标准通常被叫作迁移报表、逾期矩阵（Delinquency Matrix，DM），或者“昨天—今天”报表。这类报表可以让风控经理通过追踪逾期金额（或账户数）的来源进而分析逾期资产的实际情况。比如，可以分析上个月逾期阶段3(Bucket 3)的资产，以及它们在本月的流向。可能的情况如下：

（1）未还款→账户进入逾期阶段4（Bucket 4）→变坏的情况。

（2）完成一次还款→账户停留在逾期阶段3（Bucket 3）→可以接受的情况。

（3）完成多次还款→账户回流至较早逾期阶段→最好的情况。

这类细致的MIS报表使得风控经理可以测量催收机构的效率和有效性。通常来说，此类报表可以用来比较不同催收员的类似资产表现：一个催收部门获得的多笔付款比例是否比其他部门高？另一个催收部门是否存在较高的“无回款”率？这类细致分析应该被所有风控经理采用。

3．净核销

到目前为止，我们已经讨论了总核销额的预测，但标准的管理报表（以及会记账目）需要净核销数据，因为该指标是计算利润的核心数据（通常也是计算风险准备金的标准之一）。净核销是由毛核销+下个月预测的破产账户金额（记住：破产可以在任何逾期阶段发生）-核销后资产清收金额。一个完整的2年净核销预测如表13-3所示（神奇贷款公司纯属虚构）。

表 13-3　神奇贷款公司

神奇贷款公司第一年整体资产							
第一年	平均应收	核销				核销率	
		总核销	破产	清收	净核销	当前	递延*
1 月	$275 726	$237	$151	$70	$317	1.38%	1.40%
2 月	$261 380	$231	$152	$64	$319	1.46%	1.58%
3 月	$281 545	$244	$149	$63	$329	1.40%	1.39%
4 月	$325 607	$223	$143	$66	$299	1.10%	1.21%
5 月	$351 267	$224	$196	$75	$345	1.18%	1.30%
6 月	$389 620	$251	$184	$80	$354	1.09%	1.86%
7 月	$423 713	$238	$262	$70	$430	1.22%	1.87%
8 月	$458 413	$240	$245	$63	$424	1.11%	1.94%
9 月	$505 195	$292	$250	$69	$472	1.12%	2.01%
10 月	$531 135	$543	$259	$77	$725	1.64%	2.67%
11 月	$565 472	$482	$285	$77	$791	1.68%	2.70%
12 月	$604 542	$655	$399	$86	$969	1.91%	2.98%
神奇贷款公司第二年整体资产							
第一年	平均应收	核销				核销率	
		总核销	破产	清收	核销	当前	递延*
1 月	$710 036	$865	$450	$85	$1 230	2.08%	3.48%
2 月	$686 098	$1 106	$585	$99	$1 592	2.78%	4.17%
3 月	$688 511	$1 366	$831	$107	$2 090	3.64%	4.96%
4 月	$701 191	$2 130	$957	$138	$2 949	5.05%	6.66%
5 月	$711 454	$1 788	$1 085	$143	$2 730	4.60%	5.79%
6 月	$726 631	$1 983	$969	$139	$2 814	4.65%	5.56%
7 月	$730 721	$1 657	$955	$130	$2 482	4.08%	4.19%
8 月	$742 228	$2 258	$948	$139	$3 068	4.96%	5.37%
9 月	$757 637	$2 635	$1 144	$136	$2 642	5.77%	6.35%
10 月	$745 706	$2 421	$1 530	$256	$3 695	5.94%	6.32%
11 月	$755 109	$2 702	$1 119	$256	$3 563	5.66%	6.01%
12 月	$767 157	$2 928	$1 114	$239	$3 804	5.95%	6.28%

注：*净核销占 6 个月前应收余额的比例。

一个预测及报告核销损失率的核心概念为递延（Lagged）及当期（Current）报表。表 13-3 的最后两列包含了每个月核销计算的两种方法。比如，在第二年一月，当期核销率为 2.08%，递延核销率为 3.48%。其背后的假设为一个迅速增长（或降低）的资产，会对核销率的计算造成误导。首先，我们可以关注一下第一年最后几个月和第二年最初几个月两种方式计算的核销率的差异。同时，可以看到应收账款的快速增长：从第一年 1 月的 2.75 亿美元到 12 个月后的 5 亿～6 亿美元。如果只看当期数字，你可能会认为整体资产在第一年的表现可嘉（当期核销率在 1%～2%）；但如果你将结果递延计算的话，内在的核销率比实际汇报数字要高很多（请看第二年 3 月结果）。下面，我们来看一下其中的原因。

如果按照标准信用卡的政策规则，一个账户会在逾期 180 天之后记为核销，也就是说一个账户会在 6 个月中经历早期及晚期的各个逾期阶段（加速转核销除外）。通常情况下，核销是将年化的当期核销（或 YTD 核销）除以当月整体贷款余额（详见图 13-4）。

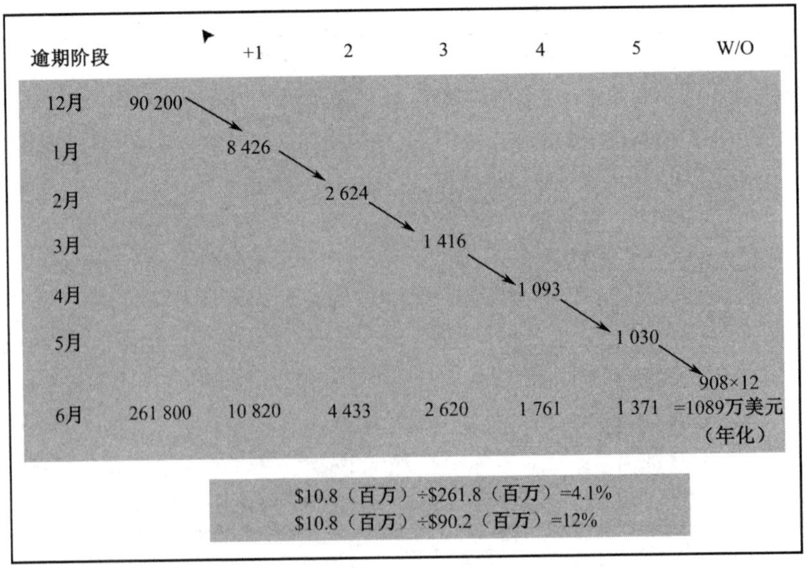

图 13-4　核销计算

以这样的方式计算，图 13-4 的资产在 6 月的核销为 908 000 美元，其年化核销率为 4.1%。计算如下：908 000×12 [months] = 10.8（百万美元），除以 6 月的整体应收账款 261.8（百万美元）再乘以 100% = 4.1%。但这是个快速增长的业务，为了更好地衡量资产表现，我们应该比较当月的核销与 6 个月前的贷款余额（在本例中，只有 9 020 万美元），因为今天的核销是由 6 个月前的放款而来的，这就是我们通常说的“递延核销率”。当信贷业务飞速增长时，递延指标通常是逾期及核销的真实反映，而且数值也会和当期有较大差异。

在上述的例子中，递延核销率是 12%（908 000×12÷9 020 万= 12%）。近期资产的迅速增长，掩盖了真实的资产表现。许多玩家通过非递延指标来玩数字游戏——将真实资产表现掩盖一段时间。当增长停滞时，所有的游戏都会停止。反过来讲，如果信贷业务在萎缩，不将数字递延，核销率就会被夸大。当资产增长稳定时，递延数字不会产生什么影响。

三、催收策略举例

催收策略系统通过差异化、多元化催收策略的制订和实施，实现金融机构余额增长、客户满意度增加、客户流失率降低和交叉销售额增加等收益最大化的关键点；同时，控制风险成本，优化资源配置以实现成本的降低。催收策略的设置、部署、实施与收益和成本的平衡有着直接或间接的关系。一般来说，催收策略主要解决以下四个问题。

（1）针对什么样的客群进行催收活动。

（2）什么时候对客群进行催收活动。

（3）对客群采取什么样的催收活动。

（4）进行催收活动时如何正确地传达催收信息。

催收策略实际上是针对特定客群在合适的时间采取有效催收手段以传达催收信息的策略组合。科学化的催收策略往往是多维度信息的集合，不再单一地以逾期时间越长催收力度越大为策略核心思维，而是针对不同逾期程度客群、不同的风险特征、还款意愿及还款能力制定相应的催收策略。

一般来说，不同逾期程度客群的催收策略方向如下。

（1）逾期前（Pre-delinquent）客群：客群量大且没有发生真实的逾期行为，但是未来一段时间内可能产生逾期行为的风险较大。逾期前客群的催收策略一般以“隐藏提醒”为主，通过电话间接地提醒客户近期的有待还款项。话术及相关策略之一是可以向此类客户推荐“免费”的还款代扣服务。

（2）早期逾期（Early Stage）客群：客群量大且风险各异。根据风险程度、还款意愿和还款能力，可以将客群分为如下三部分。

①加强巩固类（Reinforce）：风险较低的客户，即使没有催收动作或者不及时催收，客户自己也会还款，回归正常状态，一般称为懒散还款人（Sloppy Payer），可以不采取催收动作或者排后催收。

②介入干预类（Intervene）：风险非常高、还款意愿非常低且还款能力非常有限的客户，即使采取了催收动作，还款的概率仍然很低，因此，需要被靠前重点催收。

③治疗恢复类（Rehabilitate）：风险中等，有一定强度的催收动作就能还款的客户，需要被催收但是催收动作可以根据风险高低排期（见表 13-4）。

表 13-4　账户分类举例

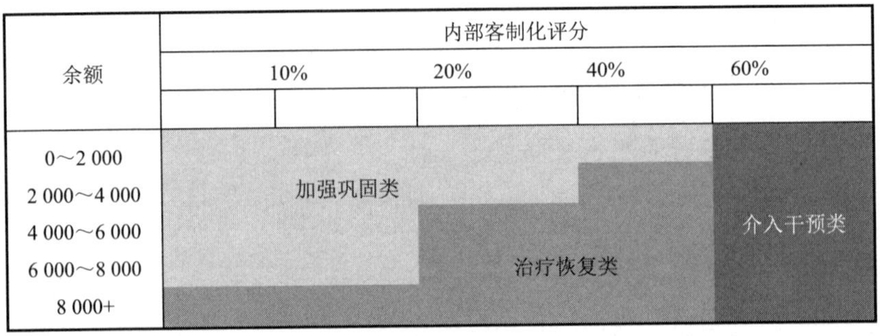

（3）中期/晚期逾期（Middle Stage /Late Stage）客群：客群量中等。逾期至该阶段的客群一般还款意愿较弱或还款能力较弱，催收难度较大，但仍然有较大回款率。该阶段的催收策略如下：

①适度催收有还款能力但还款意愿较弱的客群，需要采用适当的催收话术和手段。

②有还款意愿但还款能力较弱的人提供还款管理方案，比如，限时降息和减免应还款项等。

（4）核销客群：客群量极少。催收有可能会还款的客群，避免资源浪费。

总的来说，对于轻度逾期客群，催收策略应当重点转向风险高且还款意愿不强的客户，这样可以防止那些不会自行还款但通过适当的催收就能还款的客户向中度或者重度逾期发展；对于其他逾期客群，则是应该重点催收那些风险相对较低且还款概率较大的客户，这样可以避免在那些恶意逾期或者实在没有经济能力的客户的身上浪费时间，合理配置资源。大体上催收手段以电话、邮件为主，委外或者诉讼为辅。

接下来，以早期逾期（Early Stage）客群为例，简要说明催收策略的设计流程。

（1）确定催收客群：逾期天数超过 30 天的客户。

（2）明确催收原则：集中催收高风险客户，不催收低风险客户或者排后催收。

（3）制订催收策略：策略的制订包括对不同风险程度客户的识别和催收动作的设计。

①识别客户风险：利用早期逾期风险评估模型输出和其他风险标识变量精分客群，例如，待还款项和客户长期风险度量等，如图 13-5 所示。

风险越来越低（→）

风险越来越低（↓）

早期逾期风险分类	其他风险标识变量				
	客群 1	客群 2	客群 3	客群 4	客群 5
客群 1	1 000	999	777	766	700
客群 2	800	755	666	700	689
客群 3	600	700	655	643	621
客群 4	589	682	543	500	500
客群 5	521	521	509	584	492

图 13-5 客户风险区隔示例

②催收排期：最大化对高风险客户的催收效力，尽可能早地催收高风险客群。催收排期问题的实质是一个多限制条件的规划优化问题，目标优化函数为：

$$\max\sum_{i=1}^{n}\sum_{j=30}^{m}X_{ij}D_{ij}$$

式中，n 为客群组数；m 为该阶段催收策略的执行时间区间，一般为 30 天，即使 $30<m\leqslant59$，m 为整数；X_{ij} 表示第 j 天开始对第 i 组客群开始实施催收策略；D_{ij} 为第 j 天开始对第 i 组客群开始实施的催收策略，一般来说，对早期逾期客群的催收策略以电话催收为主。

催收策略优化结果如表 13-5 所示。

表 13-5 催收策略优化结果

X	逾期天数/天																												
客群	31	32	33	34	35	36	37	38	39	40	41	42	43	44	45	46	47	48	49	50	51	52	53	54	55	56	57	58	58
1	■																												
2	■																												
3						■																							
4																		■											
5																													■

优化结果表明，客群 1 和客群 2 在逾期第 31 天就应该开始执行催收动

作；客群 3 则可以稍稍排后，在逾期第 36 天开始执行催收策略，而客群 4 和客群 5 由于风险度较低，自愈的可能性较大，催收执行动作可以不执行或者排后执行。同一客群内的催收顺序可以依照待还款项的多少安排，欠款多的优先催收。

基于以上催收策略，可以极大化地调动现有资源去催收经济收益最高的客群，同时，降低不必要的成本浪费，真正实现科学化的催收。

第十四章

催收技巧及 KPI 标准

在第十三章，我们定义了哪些账户何时需要人工介入进行催收，而且建立了良好的预测流程并搭建了催收中心。现在目标回到如何在不触犯法律的前提下低成本、高效地从逾期客户那里拿到尽可能多的回款。

简而言之，一个催收运营始于雇用催收员。人工成本是催收的主要成本，一旦催收员的时间成本被支付后，催收的工作只剩下两个主要因素：生产和转化。

生产指的是催收的原材料，也就是与逾期客户的电话接触及沟通。对催收员来说，目标就是要在有限的付费催收时间内尽可能地触达更多的逾期客户。显而易见，增加触达率的同时会增加回款可能性。触达率受到人员数量、电催的日期及时间、系统使用（包括自动拨号系统），以及团队纪律等因素的影响。催收部门是催收中心的生产管理部门，和汽车生产线一样进行流水线作业。催收中心的主管通常会对催收工作的各个环节进行把关。

催收的第二个要素，转化，意思是将客户触达转变为还款。转化是基于沟通技巧的，与催收员的个人能力密切相关。催收员的个人能力又直接与催收团队管理人员挂钩。具体来说，催收员的个人能力取决于一线管理人员对催收员表现出现的问题进行细致分析并及时提出针对性培训 / 解决问题的方案的能力。催收技巧的落地实施本质上就是远程营销的一种变形，它是通过电话的方式销售关系的一种方法，目标是在争取回款的同时将逾期的客户重新纳入赢利的信贷群组。催收运营包含如何搭建团队，使用什么科技，如何组织工作流及如何进行绩效考核等。归根结底，这两个根本要素是决定催收业务成功与否的关键所在。

首先，生产和转化是有效的管理层分工依据。管理层可以将精力集中在提升触达率上，如自动拨号活动设计（Dialer Campaign Design）。一线的负责人可以专注于提高并保持催收员的能力，将每个客户触达的回款率最大化，这也是一线负责人的首要任务。

当然，最优的催收结果需要优势互补及两个领域的协同作战。把低触达率的案件分配给资质好及能力强的催收员会降低催收运营的实效性并浪费他们的天赋；另外，良好触达率的案件如果匹配给了能力低的催收员，意味着机构将坏消息传递到了客户端。

催收行业流行的一个金字塔型核心催收步骤转化图（见图 14-1）展示了付费时间转化为付款的流程。

如何衡量效果是催收运营中永恒的话题，因为可以衡量的指标非常多，如催收员数量、月平均成本、电话通数、联络客户数、有效通话数/第一方通话数、第三方通话数、取得承诺数、允诺率、毁诺率和回收金额等，因此，如何定义并追踪核心指标尤为重要。简单明了的 MIS 系统能够提供可视化的明确信息，对此会非常有帮助。

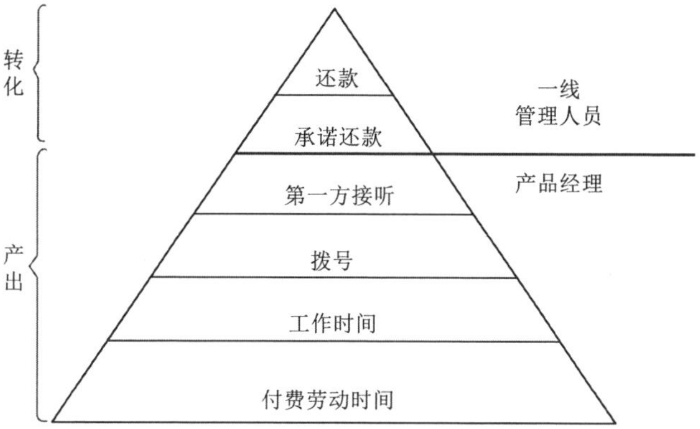

图 14-1 催收还款线路图

来源：*Managing A Consumer Lending Business, 2nd Edition*, David Lawrence and Arlene Solomon, Chapter 8 Collection Tactics,Page 150

催收 MIS 系统可以为金字塔的每个层级设定目标。这些目标是根据不同层级设定的：个人催收员、催收团队乃至整个催收中心。比如，表 14-1 的指标可作为低风险和高风险客群对于使用拨号器催收的周目标。

表 14-1 催收考量指标表

	低风险	高风险
报酬支付时间的实际生产率/%	85	85
每小时联络触达案件数量/件	10	5
承诺付款率/%	85	75
允诺率/%	65	50
平均回款金额/美元	140	100
每小时酬劳的期望价值/美元	657	159

注：计算过程：85%付费工时×10 实际触达×85%承诺付款×659%允诺率×140 美元平均回款= 657 美元

报酬支付时间的实际生产率（%）=生产小时数/报酬支付小时数

每小时联络触达案件数量（件）=有效通话数/生产小时

承诺付款率（%）=取得承诺数/有效通话数

允诺率（%）=允诺数/取得承诺数

来源：*Managing A Consumer Lending Business, 2nd Edition*, David Lawrence and Arlene Solomon, Chapter 8 Collection Tactics,Page 151

金字塔作为分析工具可以帮助发现并产生更好的催收效果。比如，如果一个催收员的平均催回金额较低，也许他需要在沟通及谈判技巧上进行提高。如果另一个催收员的允诺率较低，也许他对于逾期客户表现出来的抗拒心态不能较好地处理。有了这样的信息，主管才能够有的放矢地帮助不同的催收员在需要提升的领域进行指导及培训。接下来，我们看一看催收运营工具及实践。

一、催收系统及拨号器

催收运营不论规模大小都会在主机或网络上使用催收软件。催收软件可以是信贷系统的一个模块，也可以是独立软件。无论是哪种形式，通常都具备如下功能：

（1）与信贷系统的交互功能。

（2）逾期账户的基本信息。

（3）催收员的信息录入功能。

（4）管理者报告，如滚转率及催收 MIS 的输入信息。

大型的催收机构绝大部分都使用预测型拨号器（或者叫自动拨号器）。拨号器接收需要外呼的逾期账户信息，然后，根据用户自定规则将账号排序分组，接着，根据软件的算法优化拨号。软件的算法会预测拨号速度，在保证催收员不会出现空档的同时，避免由于时间冲突的问题致使用户持续等待或挂机。

催收员会听到“嘀”声，紧接着在通话客户说出“你好”的同时，他的基本信息及账户信息会出现在催收员的屏幕上。如果接入的拨号器有优化配置的功能，那么催收员无须浪费任何时间等待电话接通（响铃、忙音或语音留言）。一旦催收员结束通话，系统上会标注已处理完一个案件，下一个客户马上就会被接入进来。经验表明，催收员在使用拨号器的情况下不会出现过度疲劳的现象。在合理使用拨号器的情况下，催收员能持续高效地完成本职工作，并且不会觉得枯燥。

以下是拨号器的一些优势，前两条体现出来的强大优势是诸多催收机构采用拨号器的主要原因。

①每个拨号器催收员每天可处理 1 000～2 000 个逾期账户，手工系统最多处理 300～350 个逾期账户。

②拨号器系统/催收小时可完成 100 个拨号，而手工系统每天最多可完成 120 个拨号。

③可对逾期账户进行灵活的优化及调整。

④提供有价值的表现报告。

⑤可以最优化调整拨号时间，尤其是在客户在家的时间段进行拨号。

当然，拨号器同样存在一些局限性。

①催收员对账户没有“归属感”。当下次账户进入系统时，电话很有可能是另外一个催收员进行接听和处理的。因此，美国的某些大型金融机构会对符合一定特征的客群指派特定的催收团队，随着客户逾期阶段的变化，他们所对应的催收员是固定的。经验表明，此类运营策略虽然可以提升客户满意程度及催收员对账户归属感，但对逾期账户的催收表现并没有明显的提升。

②拨号器对有逾期账户数量保证及催收团队庞大的大型催收机构较为有效。比如，一个配备 25 个催收员的拨号器可以每天处理多于 16 000 个的催收电话，如果催收人员的数目过少，拨号器的预测效率就会打折扣，因为其处理的账户数量过少。

拨号器的效率高度依赖于催收经理的生产效能管理能力。由于要平衡其管理催收员的触达率，一个优秀的生产管理者通过研究详细的生产数据会对客户触达率产生至关重要的影响。比如，通过研究逾期客户地理位置分布、一天中触达时间、每次通话时长以及效果等之间的关系，从而调整拨号速率，将催收员时效最大化（使催收员的时间花在实际催收上面）。

拨号器通常具备将呼入及呼出电话进行定向或随机分配的功能。因此，当拨号器处于“混合”功能状态时，由于呼入及呼出通话的时长明显不同，所以拨号器的预测算法会受到较大影响，催收整体节奏也会变慢。通常来说，每个催收员登录时都可自行选择呼出、呼入或混合模式。有经验的催收经理会安排专项小组接听呼入电话，用来保证呼出电话的催收效率。

从催收员的角度讲，他们更喜欢呼入电话，因为呼入电话通常是具有高“还款意愿”的逾期客户。然而，对于滚转率（Roll Rate）起作用的通常是外呼电话，因为呼入的客户通常要么已经付款，要么有承诺付款。把信贷机构放进“拒付”名单的客户，不仅不会接听或回拨催收员的电话，还不会出现在呼入电话排队名单里。必须通过外呼的方式才能触达这批客户，因此他们才是滚转率的主要贡献者。要想提高滚转率，必须成为第一个及第一时间触达这批客户的借贷方。

较差的呼入管理会导致整个催收中心处于无效工作状态，因为对于整体催收滚转率的贡献几乎为零。这类现象通常在有抵押贷款类资产的催收中较为常见（如汽车贷款），因为催收精力被花费在客户留言上并等待客户回拨上。有还款意愿的客户一般都会呼入，而真正需要催收员花工夫转化的客户是不会主动打电话的。

拨号器也经常与手动拨号结合使用。在一天中的部分时间，催收团队通过使用拨号器达到了极高的生产效率；而剩余的时间，催收团队可以手动拨打分配给他们的逾期账户，通常这些分配的账户是被识别为高风险的账户。尽管操作这类账户也可以使用拨号器（通常被称为“预览模式”），但大多数催收团队都会采用手动模式，因为这些难度高、风险高的账户需要花费较多的时间及精力。

二、催收电话

客户在家（而不是在工作单位）时触达客户转化效率是最高的，这就使得催收成为一项工作时间外的生意。打到客户工作单位的电话通常要花费更多时间（比如需要通过总机转接、工作单位明令禁止上班时间接听私人电话等)。

表 14-2 是一个美国信贷市场典型的住家电话触达成功率的列表。通话时段为公平债务催收法案（Fair Debt Collections Practices Act）允许通话时段：客户居住地时间为上午 8 点至晚上 9 点。

表 14-2　触达成功率表

逾期客户当地时间		客户接通率/%
周日	8:00～9:00	14
周六	8:00～9:00	12
工作日	6:00～21:00	10
工作日	8:00～22:00	8
工作日	10:00～18:00	<5

注：客户接通率（%）=有效通话数/电话通数；有效通话数通常定义为第一方接通数或客户本人接通数。

来源：*Managing A Consumer Lending Business, 2nd Edition*, David Lawrence and Arlene Solomon, Chapter 8 Collection Tactics,Page 154

在美国最佳的催收通话时段，即“黄金时段”(Prime Time)，通常为周末及工作日的 18:00 之后。显然这对前端招聘及管理层提出了挑战，目前大部分大型信贷机构 70%的付费催收时间集中在“黄金时段”。但这样的催收模式势必要求管理层保持吸引及留存催收人力资源的平衡能力。

智能手机的普及给催收机构提供了提升触达客户的更佳渠道及工具。人们更愿意在手机上接听电话，但除非客户处于私密环境，不然他们大多不愿意进行相关沟通。“黄金时段”的通话法则同样适用于手机催收，但对于手机催收，目前相关的法律法规还不完善，相信在不久的将来，一定会趋于规范。

一旦机构的催收模式确定，用来最大化触达效果即实际与逾期客户沟通的时间，催收的核心要素即变为如何在电话上进行“营销”。电话营销在当今社会非常普遍，大家都或多或少都接触过类似营销，也体验过较差的电话营销带来的困扰。但万变不离其宗，好的营销技巧不是依赖事先准备的文稿。优秀的营销需要真诚，而真诚是不能通过背诵或朗读实现的。对于催收来说也是同样的道理。

图 14-2 显示的是在电话催收中的 7 个基本销售技巧。这个经历过考验的模型已在美国及其他区域的催收领域中广为使用。这个模型有两个核心要素。首先，催收员要接受培训，有效使用此模型。其次，催收员必须学会聆听，给予逾期客户足够的时间及耐心来解释及沟通。如果催收员可以做到有效聆听，客户会告诉催收员在通话的每个阶段具体使用哪个技巧。

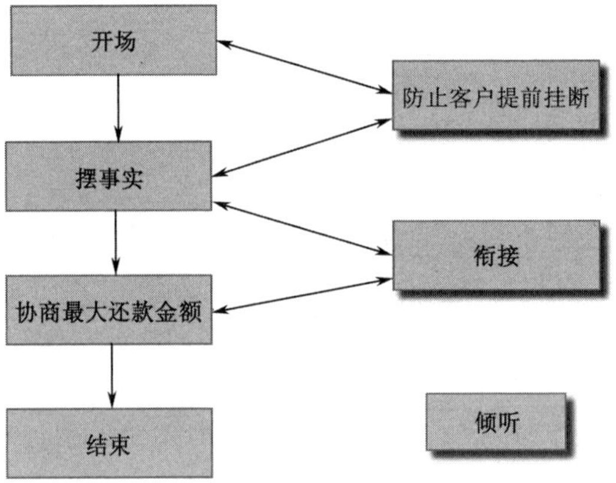

图 14-2　催收电话技巧

来源：*Managing A Consumer Lending Business, 2nd Edition*, David Lawrence and Arlene Solomon, Chapter 8 Collection Tactics,Page 155

逾期客户表现出因为财务危机带来的压抑及沮丧，催收员必须表现出同情感并巧妙牵引出图中的话题。如果客户表示自己现在很忙，不方便接听电话，催收员需要保证电话不会因此挂断。如果客户表示只能偿付××金额，催收员则需要进行协商以保证从客户处获得其所能承受的最大偿付金额。

此处的目的不是教授销售技巧，而是引出如下对于催收来说较为关键的技巧：

（1）你的催收力度要与你的竞争对手区分开来；催收团队需要掌握的销售技巧不容忽视。

（2）这些技巧最有效的学习方式是通过实践。也就是说，让新来的催收员由有经验的催收员带领，边听边看边学。

（3）在教室的环境中教授这些技巧只能带来唯唯诺诺的学生。只有通过实践及严格的操作模拟，才能保证对这些技巧的真正掌握。

（4）只有当一线的管理人员充分掌握这些技巧时，技巧才能得以保持及提升，同时他们还需具有自我提升这些技巧的能力。

在美国，大多数信贷机构的催收培训是由 1～2 周的教室授课完成的，内容主要集中在催收软件的讲解，对催收相关的技巧涉及甚少。通常主管会要求新入职催收员与某位有经验的催收员坐在一起，让新入职催收员边看边学。同时公司并没有专门的技巧发展培训项目或阶段性测试。培训通常是由培训专员操作的，管理人员并不认为培训是自己的职责之一。然而，催收技巧是催收成功的两大要素之一（另一个是触达生产率，即 Contact Production）。这一点值得引起信贷机构足够的重视。

催收员需要接受催收技巧的相关培训，而培训必须包含大量的角色扮演内容，使催收员可以从容应对催收过程中各个环节的问题。如前文所述，如果类似还款路径的 MIS 系统是在催收培训之后采用的，那么管理人员就可以清楚地辨别催收员在哪个环节出了问题：是不是还款数额太小？也许催收员需要接受协商技巧的培训。是否允诺率过低？也许催收员太容易被拒绝并经常被过早终止通话，或者不善于表达同情感并将对话衔接下去。通过角色扮演或实时电话监听，管理人员可以清楚地知道问题的症结，并帮助催收员进步。

三、特殊催收任务

（一）失联修复服务（Skip Tracing）

失联修复服务是指补全债权人无法找寻的债务人电话号码及地址信息的服务。在美国，经验表明在任意月份有约 1/4 的核销来自催收部门在之前 60 天内无法取得联系的账户。失联显然是一个非常严重的问题。

预防是最佳解决方案。在贷款申请流程中获取客户的多个联系方式，如有可能，获取其家属及亲戚的电话号码会很有帮助。客服电话也是确认客户最新电话号码及地址的良好时机。美国经济危机时，诸多金融机构在对逾期客户进行电话催收时，发现很多客户的联系方式早已失效，而且很多类似的客户都是长期以来按时还款的优质客户。究其原因其实很容易理解，这些优质客户在外部经济环境稳定的情况下工作收入稳定并能保持良好的还款记录，金融机构也没有合适的理由与其沟通，但客户从申请到逾期已经历了几年的变化，其间联系方式会因为各种原因发生变化。如搬家、更换电话号码等，这些非主观的“失联”其实是非常普遍的现象，值得引起足够的重视。因此在 2008 年经济危机后，很多金融机构将催收的动作提前，非逾期高危客群（Pre-delinquency）因此孕育而生。这类客户尽管还未逾期，但其风险已经逼近逾期的边缘（如额度已接近限额甚至超额、风险评分达到警戒线等）。针对这类客户，金融机构往往采取主动出击的方式，主动联系客户，向客户推销如免费代扣服务，及时获取及更新客户的最新联系方式。

起初，大多数失联修复服务是催收人员向其他债权人询问联系方式，有时会通过征信机构查询征信报告的方式，获取客户在其他金融机构留存的联系方式。但这种做法非常耗时并且成功率极低。许多金融机构发现追踪失联客户异常困难，即使找到失联客户，催回的概率也几乎为零。

有效处理失联修复的方式包括如下步骤：

（1）对于刚发生逾期的账户，可以持续一周左右的时间使用拨号系统尝试与客户取得联系。

（2）在机构内查询客户是否在申请其他账户时记录了不同的联系方式（如银行信用卡客户，同时也是个人信用贷款的客户，但银行内不同产品客户信息系统未打通）。

（3）使用低成本自动追踪服务（包括互联网搜索工具及网络爬虫），用以追踪失联客户而不会产生较高的人工成本。

（4）雇用低成本的人力查询申请及开户文档。在美国，测试表明大约20%的失联客户可以通过借贷机构自己的文档、账户关联或纠正数据录入错误找到。

（5）如果最终仍然无法联系上客户，在账户变坏账核销之前委托外部催收机构直接进行催收。

如果 30%～50%的高风险催收账户都是失联账户，那么，说明申请流程需要重新审视并修改。同时，在晚期逾期阶段，大量的失联账户会严重阻碍催收工作流。尤其是这类客户，即使被找到，还款概率也极低。好消息是，那些很容易联系上的借款人还款比例是非常高的。早期使用这些简单而有效的方法能够以低成本取得高收益。

（二）修改还款条款（Account Rearrangement Options）

你会给你的催收团队多大的权限/自由空间用来和逾期客户进行还款沟通呢？比如，降低月付，延迟还款，在一些特殊情况下，针对有还款意愿但还款能力受限的客户免除部分利息甚至本金？如客户面临临时的财务困难（客户现阶段没有能力还款，但几个月后有还款能力的情况下），反复的催收电话并不能促使客户进行还款，相反，持续不断的催收电话反而有可能带来负面效果，让那些有还款意愿但暂时没有还款能力的客户感觉受到骚扰，产生抵触情绪。因此，信贷服务机构需要制定针对暂时还款困难客户的相关政策（在国内信贷领域，该方面完全空白）。

这些政策都会涉及对最初信贷条款的重新协商，其目的是把暂时存在还款困难的优质客户保留下来。

任何重新协商必须有公司管理层出具的书面授权。政策需要明确重新协商的种类、重新协商发生的情况、客户进行重新协商须满足的条件、管理层审批流等。除此之外，还款计划必须严格把控以避免被滥用。

还款计划的种类举例如下。

（1）重置（Rewrites）：将借款人的债务重新规划（通常以比约定更低的

月付、更长的还款期限的形式），更好地将还款额与客户的还款能力相匹配。

（2）展期（Extensions）：针对分期类产品，一个或多个还款可以在约定的还清期限之后偿付。

（3）部分还款（Partial Payments）：为了减少催收成本，到期还款金额的一定比例（比如，到期最低还款额的 90%）被认为可以足够保证账户不进入下一个逾期阶段。这种做法可以防止账户不会因为几元（甚至几毛钱）的不足而被催讨。

（4）豁免结清（Settlement）：每家信贷机构都应该有相应政策可以赋权催收员，在一定的管理层许可范围内，减免部分费用以低于全部待偿余额的金额结清该账户。相应政策应当明确可以被豁免的最大百分比，以及可进行结清的最早逾期阶段（如不低于 150 天逾期）。豁免结清尽管名义上解除了债务人及债权人的关系，但债务人被豁免的金额在征信机构的信用报告里会被注明为已核销坏账，因此会留下信用污点。因此对于债务人来说并不是完美的解决方案。

（三）效能追踪（Tracking）

重新协商的账户应当独立追踪其绩效，因为它们的风险比普通账户要高。如果不独立追踪及谨慎控制，会导致催收员滥用此类工具。在美国，这些重新协商的账户大约有 50%会在 3～4 个月后再次出现逾期。因此，重新协商应当以降低催收成本为目的。另外，它可以成为催收部门逐步且稳定调控的手段之一。当然，这种方式只能暂时延迟核销的实现，却不能成为一种有效合理的降低逾期及核销率的手段，但可以在短期内帮助达成管理目标。

另外一个催收运营的诀窍：逾期几个月的账户如果连续 2～3 次（通常为 3 次）至少付清了当月的最低还款额，那么可以将其从催收客群中移除。在美国，许多信贷机构在催收系统中可自动将符合条件的逾期账户"归零"（Re-age）。换句话说，催收系统可自动识别逾期客户至少连续

3 次还款并将此逾期账户自动"归零"为非逾期状态。尽管这些账户理论上讲还处于逾期状态，但由于系统已将其重置为正常状态，逾期费用将不会再产生，也不会再对此类账户进行催收活动，其逾期未付金额计入未偿总额进行按月偿付。但对于"归零"的操作也有一定的限制（以避免滥用），比如 5 年内只允许 2 次"归零"且发生"归零"操作时，账户不能在任何还款计划中等。

图 14-3 所示为一个信用卡降低年息计划（APR Reduction Program）的一年期还款计划举例。当然，APR 具体降低的幅度还需要通过严格设计的策略实验进行比较和验证，但实验设计对数据库、业务流程及样本要求较高，对于国内目前的信贷市场来说只具有一定的借鉴意义。当数据驱动的催收行业成为主流时，这样的技术才能发挥其应有的价值。

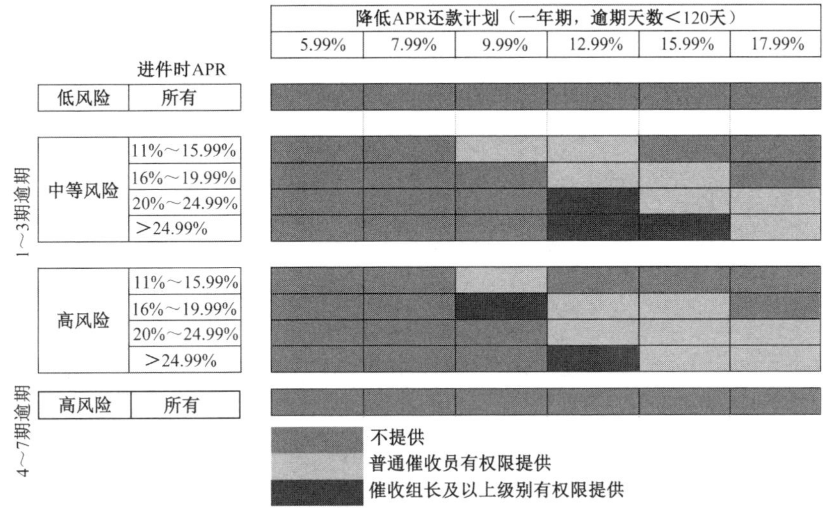

图 14-3　降低 APR（降低月付金额）还款计划举例

通常，降低年息计划针对早期逾期且暂时有还款困难的客户较为有效。加入条件一般要求一次性还清最低还款金额，还款计划期间可保留刷卡权利，计划结束后的 12 月之内不能再次加入降低年息计划（但可以加入更高等级的还款计划，比如信用辅助计划或清算还款计划）。

其他重置还款计划的大致区别如表 14-3 所示：

表 14-3

	还款计划项目	年息	最低还款	还款方式	期限	账户状态	本金变化	本金调整规则	立即核销	加速核销
困难程度低	降低年息	最低：9.99% 最高：19.99%	不变	不变	12 个月	正常	无	无	否	否
困难程度高	信用辅助	9.99%	1.5%	不变（或由催收员设定固定金额）	6 个月或12 个月	暂停	无	无	否	否
	清算还款	0.99%	1.8%	固定	60 个月	废除	无	无	否	是（逾期150 天以上）
	部分还款	0.99%	1.8%	固定	60 个月	废除	有	不高于余额的 40%	是	是（逾期150 天以上）

（四）针对依据滚转率管理的一个警告

通常，信贷机构会将净流动率（Net Flow Rate）及从一个逾期阶段进入下一个逾期阶段的账户比例作为了解及预测催收表现及核销的重要标准。滚转率是一个优秀的策略衡量标准，但却是一个糟糕的运营表现衡量标准。如果管理层下达命令要以催收中心或以催收员为单位降低滚转率，最简单的解决方案就是让催收员只向逾期客户要求偿付最低还款金额即可，一分都不用多。甚至，催收员可以向客户推广部分还款活动（如果信贷机构提供类似还款活动的话）。任何还款（最低或部分）都可以使逾期账户不进入下一个逾期阶段，但付出的催收工作量及成本并没有减少，同时还增加了将来的风险。这个例子充分表明了“所衡量即所得”的做法导致的结果就是让催收员告诉逾期客户不必付全部还款额度，只需要付最低还款要求的额度即可。因此，绩效考核的设计在国内催收领域至关重要。市场上大多数信贷机构考虑标准都以催回金额为核心，导致催收员将精力过多地投入到逾期金额较大的客户身上，并没有按照风险及催回难易进行排序，造成大量的资源浪费。同时，为了保证催收效率，各机构又针对催收时效设定考核标准，这也是暴力催收的根源之一。

（五）委外催收及清收——救命稻草

当账户变核销，且信贷机构自营催收团队也没有办法将核销挽回时，还有一些可以采取的最后措施。清收是指当债务变为核销后采取的催收行为。在这个阶段，通常账户会被递交委外催收机构处理，催收机构收取一定费用（通常根据逾期程度及催回金额决定）。信贷机构也会使用律所处理金额较大但有一定价值附属资产的核销账户。

在美国，催收行业经历了多次并购及重组。目前市场上的大型委外催收机构已不足10家，每家拥有超过1 000人的催收团队。同时还有30～50家中小型催收机构。另外还有一些从事委外催收业务的公司，主营业务并非催收，只是将催收服务打包在整体服务方案中而已。通常来讲，信贷机构在选择委外催收公司时应考虑以下几个因素：

（1）能力及信誉（可以咨询其他信贷机构或债权人）。

（2）财务状况。

（3）规模——是否有能力承接你的业务？你是否会成为它的重要客户。

（4）完美的自动化设备。

（5）过去催收活动是否受到监管约束或制裁。

（6）价值观——一定要注意，不规范操作可能会给你的机构带来诉讼风险。

（7）其他客户——避免与大型信贷机构竞争同一家催收机构资源。理想情况下，你应当成为催收机构最重要的客户。

使用的委外催收机构数量也是一个重要的决策。单独使用一家机构不是一个好的选择。竞争对于你的业务来说是良性的。超过 3 家机构则又偏多，除非你是大型的信贷机构。使用过多的委外催收机构会加重管理成本并提高复杂程度，同时会导致每家委外机构收到的业务量过小，不会对你产生足够的重视。你可以要求委外机构针对你的资产配备专门的催收员和主管。但如果你的资产量太小，这样的要求是不合理的。

在考虑委外机构表现时，最重要的考虑标准是对给足批次账户的催回金额，即批次追踪（Batch Track）。图 14-4 是美国信贷领域的一个委外催收机构在一个月中如何进行批次追踪的示例。

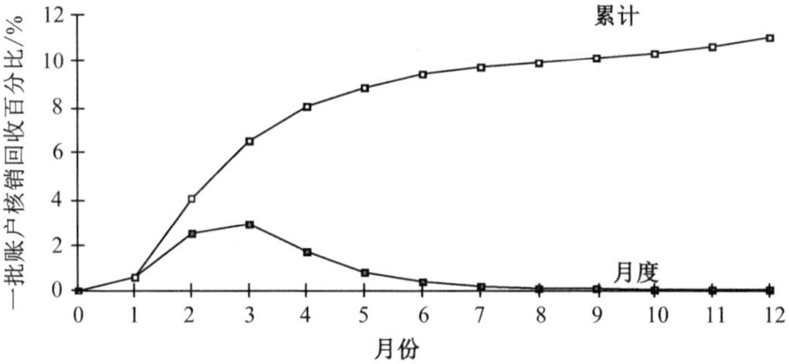

图 14-4　典型回收曲线

图 14-4 展示了大多数成功的回收款发生在委外给催收机构后最初的 3～4 个月间，这是比较普遍的现象。如图 14-4 所示，在委外后的 12 个月，约 12%的资产被催回。回收率会因产品和账龄而异。早期账户更容易产生回款。同时，较高的回收率表明你的核销前逾期资产的催收表现还有很大的提升空间，尤其是当大部分回收款发生在刚刚委外给催收机构之后。

最后，鼓励几家委外催收机构进行竞争也是非常重要的。通过比较类似批次账户在几家机构的委外催收表现，可以让信贷机构将更多的业务奖励给表现更加优异的委外催收公司。需要注意的地方是必须保证分配给不同催收机构的账户能随机抽取自近似的资产组合，这样才能确保委外催收机构间的表现比较是客观公正的。图 14-5 是两家委外催收机构对于同一批次委外账户在同一时间节点的催收表现比较示例。其表现数据同时与内部催收效果进行了比较。

效果评估—回收率

	10月	11月	12月	1月	2月	累计
代理机构1	1.2%	2.3%	2.2%	1.6%		7.3%
代理机构2	0.9%	2.0%	1.9%	1.8%		6.6%
内部团队	1.5%	2.4%	1.5%	1.0%		6.4%

图 14-5　催收效果对比

来源：*Managing A Consumer Lending Business, 2nd Edition*, David Lawrence and Arlene Solomon, Chapter 8 Collection Tactics,Page 166

通常来说，批次追踪结果会在委外机构间共享以促进良性竞争。如图 14-5 所示，机构 1 在前 4 个月的表现最优，如果此表现能够持续下去，机构 1 应当获得更多的业务。

从 20 世纪 90 年代起，将未核销逾期账户进行委外处理已经变得非常普遍。事实上，美国很多主流信贷机构都会进行此类操作。通常情况下，此类服务是按服务项目收费的，与清收催收服务的风险代理收费不同（按催回金额比例付费，如果没有催回则不付费）。通常情况下，委外催收公司使用客户催收系统进行催收，类似于客户的分公司，同时保证客户的账户管控。信贷机构通过这样的方式运作，优势如下。

（1）外部的催收表现可作为内部表现和成本的参考标准。

（2）将催收压力转移到外部，同时保持内部催收团队数量稳定。

（3）将高风险账户尽早委外给催收机构，可以使催收机构在早期介入，进而提升催收效率。

（4）降低内部人头数并控制成本。

（5）当某区域催收中心断电或遇到不可抗拒的外部突发事件时（如自然灾害），可以将委外作为灾备方案。

总之，催收的运营与催收模型及策略同等重要。考核标准的设立比优秀的模型及策略更能影响催收效果。因为催收是高度依赖催收员能力的业务，而催收员的行为及表现是通过系统及绩效考核标准约束及激励的。其中的学问并不是通过简单的两个章节就可以阐述清楚的。只有在实践中积累经验，善于发现及总结，才能在最短的时间里使催收业务迅速成长，超越竞争对手，在市场上立于不败之地。

图书在版编目（CIP）数据

数据化风控：信用评分建模教程 / 单良，乔杨著. —北京：电子工业出版社，2018.9
ISBN 978-7-121-34629-3

Ⅰ. ①数⋯ Ⅱ. ①单⋯ ②乔⋯ Ⅲ. ①信用评级—系统建模—教材 Ⅳ. ①F830.5

中国版本图书馆 CIP 数据核字（2018）第 137808 号

出版统筹：刘声峰
策划编辑：黄　菲
责任编辑：黄　菲　　　文字编辑：王欣怡　　　特约编辑：徐学锋　刘广钦
印　　刷：三河市鑫金马印装有限公司
装　　订：三河市鑫金马印装有限公司
出版发行：电子工业出版社
　　　　　北京市海淀区万寿路 173 信箱　邮编 100036
开　　本：720×1 000　1/16　印张：15　字数：213 千字
版　　次：2018 年 9 月第 1 版
印　　次：2021 年 8 月第 8 次印刷
定　　价：65.00 元

凡所购买电子工业出版社图书有缺损问题，请向购买书店调换。若书店售缺，请与本社发行部联系，联系及邮购电话：（010）88254888，88258888。
质量投诉请发邮件至 zlts@phei.com.cn，盗版侵权举报请发邮件至 dbqq@phei.com.cn。
本书咨询联系方式：1024004410（QQ）。

反侵权盗版声明

举报电话：（010）88254396；（010）88258888

传　　真：（010）88254397

E-mail：　　dbqq@phei.com.cn

通信地址：北京市万寿路 173 信箱

　　　　　电子工业出版社总编办公室

邮　　编：100036